Betty Sue Cummings
Feuer über Virginia

24. 12. 92

My dearest Nilani,
I hope life treats you kind
and I hope you have alle you dreame of
and I wish to you joy and happiness
but above of all this I wish you love.
In memory of your friend
Miriam Seidel

Die Autorin:

Betty Sue Cummings wurde 1918 in Big Stone Gap in den Bergen von Virginia geboren. Sie studierte Englisch und Pädagogik und arbeitete als Lehrerin. Mit 55 Jahren ging sie vorzeitig in Pension und begann zu schreiben. Seither hat sie mehrere Erzählungen und Romane für Jugendliche und Erwachsene verfaßt, in denen meist Frauen im Mittelpunkt stehen. Ihre Bücher wurden in den USA mehrfach ausgezeichnet. ›Feuer über Virginia‹, ihr erster Roman, stand in der Auswahlliste zur National Book Award.
Weitere Titel von Betty Sue Cummings in deutscher Sprache: ›Auf nach Amerika‹ (dtv junior 70222), ›Vergeßt die Namen nicht‹ sowie ›Ella‹, erschienen 1991.

Betty Sue Cummings

Feuer über Virginia

Aus dem Amerikanischen von Heike Brandt

Deutscher
Taschenbuch
Verlag

dtv

Mit einer Zeittafel und einer Karte

Titel der amerikanischen Originalausgabe: ›Hew against the Grain‹, erschienen bei Atheneum, New York

Von Betty Sue Cummings ist außerdem bei dtv junior lieferbar: Auf nach Amerika, Band 70222

Ungekürzte Ausgabe
Juni 1991
Deutscher Taschenbuch Verlag GmbH & Co. KG, München

ISBN 3-8139-5645-8
Umschlaggestaltung: Celestino Piatti
Umschlagbild: Bernhard Förth
Gesetzt aus der Aldus 10/11
Gesamtherstellung: Ebner Ulm
Printed in Germany · ISBN 3-423-70229-X

Für Hattie Jane Bruce Cummings
und Kathleen McLaughlin O'Mara

1. Kapitel

August 1860

Mattilda Repass liebte die Erweckungsgottesdienste in Wabash. Dieses Jahr wollte sie unbedingt fromm werden, denn sie war als einzige der Familie noch nicht erlöst worden. Heute, am letzten Tag der Erweckungsveranstaltung, war ihre letzte Chance.

Sie saß mit ihrer Familie nahe der Vorderfront des riesigen Kirchenzeltes. Luella Patricks Familie und die übrigen Sklaven saßen in derselben Reihe, die Schwarzen zusammen, die Weißen zusammen, Mattilda und Docia waren die Verbindung zwischen beiden Rassen. Beide Mädchen lauschten inbrünstig; beide ersehnten den Ruf des Herrn, daß sich Gegenwart und Vergangenheit verwandelten.

»Und JEESUS«, rief der Prediger plötzlich in die Stille. »JEESUS will, daß wir einander lieben. O ja, die Liebe, die Liebe, die Liebe wird ein Christ ernten, wenn er bekehrt wird.«

Das war ja so wahr. Ihre ganze Familie wurde geliebt und war voller Liebe, dachte Mattilda, und auch sie mußte so werden. Doch sie fühlte sich dem Herrn kein bißchen näher.

Sie gähnte, fing an zu überlegen, was sich wohl draußen im Lager abspielte. Drinnen tat sich jedenfalls nichts. Der Abend eignete sich sowieso besser zur Bekehrung; das hatte sie jedes Jahr beobachtet. Warum sollte sie also hier sitzen bleiben, wenn es außerhalb des Zeltes soviel zu entdecken gab? Die aufregenden Sachen passierten draußen. Vielleicht konnte sie neue Freunde finden. Vielleicht ein paar Jungen kennenlernen. Draußen auf dem Platz konnte sie einiges von dem allgemeinen Geschimpfe über die kommenden Wahlen aufschnappen. Manchmal debattierten Frauen über Bell, Breckinridge, Douglass, Lincoln. Einmal hatte Mattilda gehört, wie ein Mann seine Frau gemaß regelt hatte: »Sei jetzt still. Du hast ja gar kein Wahlrecht.« Und sie hatte ungerührt zurückgegeben: »Habt ihr jetzt auch schon ein Gesetz verabschiedet, das uns das Denken verbietet?«

Sogar die Spiele hatten sich verändert. Im letzten Jahr waren die Eisenkrautstöcke römische Speere gewesen; in diesem Jahr waren sie Gewehre. Im letzten Jahr waren die Lehmkügelchen, die Peejibs, die Murmeln der armen Kinder; in diesem Jahr feuerten die ehemaligen Murmelspieler richtige Kugeln ab. Im vergangenen Jahr galt das allgemeine Interesse hauptsächlich der Bekehrung; in diesem Jahr ließ man sich im Zelt bekehren, draußen aber wurde diskutiert. Man diskutierte über die Wahl, über die Demokratie der Baumwollstaaten, über Sklaverei und darüber, wem die Waffenlager in den Bundes-Forts überhaupt gehörten.

Man diskutierte über den Krieg.

Mattilda dachte an den Krieg, der ihnen vielleicht bevorstand, dachte an all das Aufregende draußen vor dem Zelt. Heute abend würde sie ganz bestimmt erlöst werden. Sie stieß Docia mit dem Ellbogen in die Seite. »Mußt du auch mal?« Ein schnelles Nicken. Sie flüsterten mit ihren Müttern, die seufzten, sich kurz einen resignierten Blick zuwarfen und dann ihr Einverständnis nickten.

Auf dem Weg hinaus bekam Mattilda von ihrer ältesten Schwester Sarah, die stolz und glücklich neben ihrem frischgebackenen Ehemann Jason saß, einen Klaps und einen Nickel verpaßt. Das Geldgeschenk bedeutete: Ist schon gut. Du bist nur einmal jung.

Sie waren schon fast an den äußeren, dicken Zeltpfosten vorbei, als die Stimme des Predigers vor Erregung in die Höhe ging.

»Jetzt werde ich euch sagen, warum ihr Jesus braucht. Die Wahl steht bevor, meine Freunde. Die Wahl steht bevor, und einige von euch werden den Falschen wählen, wenn ihr euch nicht vom Gebet leiten laßt.«

Eine unangenehme Stille breitete sich aus. Der Prediger

hatte sein Terrain verlassen. Mattilda blieb aufgeregt stehen, um zuzuhören.

Ohne Rücksicht auf das Unbehagen seiner Zuhörer fuhr der Prediger fort: »Einige von euch werden für diesen Abraham Lincoln stimmen, ja, ohne Gebet werdet ihr das tun.« Seine Stimme wandelte sich zu einem schrillen Geflüster. »Und in eurem Herzen wißt ihr, daß ihr uns damit in den Krieg treibt.«

Eine heftige Unruhe breitete sich aus. Neben Mattilda standen ein Mann und seine Frau auf und stapften hinaus. Der Mann glühte vor Zorn, seine Stiefel krachten, die Röcke der Frau rauschten. Mattilda schaute zu ihren Eltern, Bland senior und Dorothy Repass, die still sitzen blieben, deren Gesichter aber blaß wurden vor Wut.

Nun mußte auch der Prediger den Unmut bemerken. Hier und dort sprangen Leute wie platzender Puffmais von ihren Plätzen auf, wurden aber von ihren Nachbarn gleich wieder besänftigt.

»Friede, meine Freunde«, sagte der Prediger mit lauter Stimme, das Gesicht rot aufgedunsen, unfriedlich. Langsam beruhigten sich die Leute.

Mattilda zupfte Docia am Ärmel. Sie gingen hinaus in den Sonnenschein.

Ein frischer Luftzug schlug ihnen entgegen, und sie atmeten tief durch. Docia machte ein paar schnelle Freiheitstanzschritte, dann rannten sie zu der Frauenseite im Wald, wo sie abwechselnd füreinander Wache standen. Als nächstes verpraßten sie den Nickel. Mattilda entschied sich für ein gefülltes Törtchen, das zu ihrer Enttäuschung aber genauso wie das Stück schmeckte, das sie zu Hause gegessen hatte, und Docia nahm eine Salzgurke. Während sie aßen, spazierten sie durch die Zeltstadt, ein buntes Durcheinander von Formen und Farben, durch das sich eine Wagenspur wand. Leute waren damit beschäftigt, ihre Unterkünfte zu trocknen, hängten Flickendecken zum Lüften auf, warfen Hufeisen, spielten die Fiedel, handelten. Schrien sich gegenseitig wegen der Wahl an. »Wenn Mr.

Lincoln gewählt wird, zieh ich nach South Carolina, wirst schon sehen«, polterte ein Mann. »Na und? Wem wirst du schon fehlen?« donnerte es zurück.

Mattilda zuckte die Achseln, wußte nicht, was sie davon halten sollte. Sie gingen zum Bach, Mattilda mit einer Schöpfkelle aus Kürbisschale ausgerüstet.

Ein Junge, etwa in ihrem Alter, lag auf dem Bauch, um direkt aus dem Bach zu trinken. Mattilda mußte grinsen, als er einen vorwitzigen Salamander davonjagte.

»Hier«, sagte Mattilda und hielt ihm die Kelle hin. Er blickte hoch. Das intensive Blau seiner Augen warf sie beinahe um. Es erinnerte sie an die Worte von Grandpa Hume: »Ich bin ein blauäugiger Schotte.« Wenn irgend jemand Grandpa Hume bei einem Thema festzunageln versuchte, sei es Politik oder Sklaverei oder Religion oder sonst irgend etwas, worüber er nicht diskutieren wollte, dann pflegte er zu sagen: »Frag mich nicht, ich bin bloß ein blauäugiger Schotte« – was heißen sollte, daß er seine Grenzen kannte und sich nicht auf Gebiete jenseits seines Horizonts begeben würde. Für Mattilda allerdings bedeutete das nur, daß der Fragesteller nicht genug wußte, um Großvater zu einer Diskussion verleiten zu können. Für sie war ein blauäugiger Schotte jemand, der intelligent, mutig und beherrscht war.

Der Junge nahm die Kelle, schöpfte Wasser und bot es erst ihr, dann Docia an, danach trank er selbst.

»Bist du ein blauäugiger Schotte?« fragte Mattilda hoffnungsvoll. Sein eben noch so eindringlicher Blick zeigte Unsicherheit. »Ich bin Daniel Durham. Du bist doch die kleine Schwester von Bill, stimmt's?«

»Klein! Ich bin genauso groß wie du.«

Er senkte den Kopf. Sie lachte insgeheim über seine großen Hände und Füße. Mama sagte immer, daß ein junger Mensch, der große Hände und Füße hatte, zu einem riesigen Erwachsenen heranwachsen würde. Wenn der Junge erst einmal die seinen Füßen entsprechende Größe erreicht hatte, würde sie ihm nicht mehr direkt in die Augen sehen können.

»Ja, ich glaube, ich bin ein blauäugiger Schotte«, sagte er schließlich. »Ist das schlimm?«

»Nein, weil mein Grandpa Hume einer ist, und der ist der beste Mann, den ich kenne.«

Er lächelte erleichtert. »Bist du schon erlöst?«

»Nein. Docia auch noch nicht.«

Docia zuckte bekümmert die Schultern. »Versuchen tu ich's aber.«

»Ja. Ich auch.«

»Der letzte Abend ist am besten für die Bekehrung, denkt daran«, machte ihnen Mattilda Mut.

Plötzlich raschelte es in den Blättern auf der anderen Seite des Baches, und die Stimme eines Mannes krächzte: »Was macht denn ein weißes Mädchen mit Jungs und Niggern hier am Bach?«

Scherte alle über einen Kamm, blähte sich zu einer ganzen Menge auf und überschüttete sie mit Dreck. Mattildas Herz machte einen Satz, und Daniel wurde blaß. Alle drei standen in unausgesprochenem Einverständnis ruhig auf und gingen zum Erweckungszelt zurück. Der Mann blieb wutschnaubend zurück.

»Wer in aller Welt war das?« fragte Mattilda, die sich schmutzig fühlte, sich für etwas schämte, was sie getan haben mußte, ohne daß es ihr bewußt geworden wäre.

Daniel zuckte die Achseln.

»Das ist der alte Ray Beard«, sagte Docia bitter. »Erinnerst du dich nicht an Ray Beard? Dein Vater hat ihm letztes Jahr Hafer und Roggen verkauft.«

»Ach ja.«

Sie schwiegen niedergeschlagen. Als sie zu der Wagenfahrspur kamen, trennten sie sich. »Ich hoffe, du wirst erweckt«, sagte Mattilda.

»Danke«, sagte Daniel. »Wünsch ich euch auch.«

»Wenn dieser blöde Ray Beard auch erweckt wird, dann kann ich drauf verzichten«, vermeldete Docia.

Alle drei lachten. Das verdeckte ein wenig das unangenehme Gefühl, aber in Mattildas Kopf hallte das Echo seiner Stimme wie eine Drohung nach.

Am Abend waren drei Prediger da, einer davon ein Baptist, der für die große Zahl der Baptisten eingeladen worden war, die nicht fernbleiben sollten. Im Zelt machte sich eine erregte Spannung breit, die durch jede Predigt und jede Hymne noch verstärkt wurde.

»Oh, ah«, dröhnte der Baptist. »O ja, ich muß heute abend eine große Predigt halten. Herr, hilf mir, eine große Predigt zu halten und diese Sünder zu retten.«

»Amen. Amen«, stimmte die Gemeinde zu.

»Hilf mir, ihnen die Augen zu öffnen, Herr. Laß sie Jesus erblicken. Laß sie seine Gnade spüren. Laß sie den ewigen Segen erfahren. Oh, Brüder und Schwestern, ich möchte heute abend eine große Predigt halten.«

Ein Klatschen setzte ein, ein sanftes, kleines, prasselndes Geräusch. Weiter vorne tanzte eine ältere Dame in den Gang. Sie hatte die Augen geschlossen, das Gesicht war verzückt nach oben gewandt.

»Dank dir, Herr«, schrie sie. Sie klatschte und rief.

»Sie ist Baptistin, Mattilda«, erklärte Mattildas Mutter leise.

»Aha«, sagte Mattilda.

Aber dann sprang ganz in ihrer Nähe auch Mrs. Neal auf, eine Nachbarin und ein Mitglied ihrer eigenen Gemeinde. Sie klatschte und schrie begeistert: »Ehre sei Gott! Ehre sei Gott!«

Mattilda schaute zu ihrer Mutter hoch. »Es gibt verschiedene Arten von Methodisten«, sagte ihre Mutter. Wir gehören also nicht zu dieser Art, dachte Mattilda, und sie bedauerte es, weil Mrs. Neal so glücklich aussah.

»Oh, mir gelingt heute abend keine große Predigt«, stöhnte der Prediger und beugte sein Haupt voller Gram. Es war Mattilda nur recht, wenn er keinen ewig langen Sermon hielt, um damit die noch nicht Erweckten nach vorne zu rufen. Bei ihr hatte das noch nie etwas genützt.

Als hätte der Prediger ihre Gedanken erraten, richtete er

sich kerzengerade auf und starrte voller Leidenschaft hinauf zum Zelthimmel. Er fing plötzlich an zu singen. »Oh, welche Gnade! Wie süß der Laut, der einen armen Sünder wie mich erweckte!«

Die Gemeinde fiel ein, und das Lied schallte laut durchs Zelt. Oh, das würde ihre Erlösung sein. Mattilda liebte das Anschwellen des Gesanges und das stetig trommelnde Stampfen der Füße auf dem Boden.

Noch mehr Rufe ertönten, und eine Reihe von Sündern bewegte sich nach vorne. Oh, die Kraft des Liedes kam über sie. »Ich war einst verloren, aber jetzt bin ich gefunden, war blind, aber jetzt sehe ich.«

Ihre Familie sang aus vollem Herzen, und der pulsierende Rhythmus trieb sie an. Ach, wie sie diesen Segen und diese Kraft herbeisehnte, was immer das auch sein mochte.

Sie sah Daniel Durham auf dem Weg zum Altar. Oh, sie mußte sich beeilen, bevor der Gottesdienst vorüber war. Einer plötzlichen Bewegung neben sich entnahm sie, daß Docia es geschafft hatte und auf dem Weg nach vorne war.

»Dank dir, süßer Jesus!« schrie Luella heraus.

Die Macht des Herrn, die in dem Lied zum Ausdruck gekommen war, hatte sich der Menge bemächtigt. Nur Mattilda hatte noch keine Gnade gefunden. Flüsternd flehte sie zum Himmel. »Herr, ich will erweckt werden.«

Mehr war gar nicht nötig. Sie fühlte sich so entspannt und erleichtert, bei Gott zu sein, daß Tränen ihre Augen füllten und ihr Herz schneller schlug. Sie stand auf. Das muß es sein, dachte sie; endlich bin ich erweckt. Als sie diesmal an ihrer Familie vorbeiging, umarmten sie alle, und sie eilte nach vorne, kniete neben Docia nieder, der einzigen Schwarzen am Altar.

Plötzlich sah sie Ray Beard, der Docia und sie von der Seite des Zeltes her anstarrte. Egal. Ihre Familie war da. Ihr Vater würde ihn zur Räson bringen. Die Prediger waren da. Sie hatte einen wunderbaren Segen empfangen. Und mit Gott an ihrer Seite, wie könnte ihr Ray Beard etwas antun? Nicht einmal der Krieg konnte sie jetzt ängstigen.

2. Kapitel

Mattilda schwamm mit ihren Geschwistern im schlammigen Mühlenteich. Plötzlich sah sie Docia, die mit finsterer, sehnsüchtiger Miene am Ufer stand.

»Komm rein, Docia!« rief sie.

Docia gab keine Antwort. Mattilda wußte, daß es die Anwesenheit der älteren Weißen war, die sie so schüchtern machte.

Um bei ihren älteren Geschwistern Eindruck zu machen, schrie Mattilda: »Hast du Angst, daß das Schwarz abgeht?«

Docia schrie zurück: »Ja. Daß ich bloß kein Sajer werde!«

Mattildas Geschwister grinsten. Sie hatte das Gefühl, übertrumpft worden zu sein, und ärgerte sich.

Was in aller Welt war ein Sajer?

So leicht wie ein Vogel landete Sarahs Hand auf ihrer Schulter.

»Meinst du, daß sie sich bei dir entschuldigen wird? Für ihre patzige Antwort?«

Auf diesen Gedanken war Mattilda noch gar nicht gekommen. »Ob *sie* sich bei *mir* entschuldigt?«

»Na ja, oder du dich bei ihr?« Es war keine richtige Aufforderung, eher eine Frage. Wenn Sarah das richtig fand, dann war eine Entschuldigung wohl angebracht. Sie nickte, watete durch das schlammige Wasser ans Ufer und lief über den Pfad zu Docias Haus.

3. Kapitel

März 1861

Dorothy Repass hoffte, daß der letzte Frost vorüber war, und ließ Mattilda und Docia den Blumengarten jäten. Ob wir hier draußen erfrieren, spielt offenbar keine Rolle, dachte Mattilda. Keines der beiden Mädchen war sich sicher, welche von den Pflanzen Blumen und welche Unkraut waren, also beschlossen sie kurzerhand, einfach alle am Leben zu lassen. Ziemlich bald gerieten sie in einen Streit. Docia fing damit an.

»Wie findest du es, wenn wir hier einen anderen Namen kriegen?« fragte sie, wobei sie Mattilda einen herausfordernden Blick zuwarf.

»Was meinst du damit?« fragte Mattilda. Sie hatte gemerkt, daß Docia von vornherein schon alles besser wissen würde, und war entschlossen, sich nicht provozieren zu lassen.

»New Place, Kanawha, Vereinigte Staaten, das meine ich«, sagte Docia triumphierend. »Daß du das nicht weißt! Du bist weiß und alles, kannst lesen und schreiben und alles, weißt alles und jedes. Jetzt staunst du, daß es was gibt, was du nicht weißt.«

Ich laß mich nicht ärgern, sagte sich Mattilda, aber trotzdem geriet sie in eine gereizte Stimmung.

»Kanawha? Was in aller Welt bedeutet denn das?« fragte sie, wobei sie sorgfältig darauf achtete, so gleichgültig wie möglich zu klingen. Aufgrund von Docias Haltung war sie sich aber sicher, daß es sich um etwas sehr Wichtiges handelte. »Abgesehen von einem Flußnamen, meine ich«, fügte sie hinzu.

»Ha!« gluckste Docia. »Ich hab ja gesagt, daß du es nicht weißt. Nun, Miss, dieser Staat Virginia ist gerade dabei, sich zu teilen. Die mit der richtigen Meinung werden in Kanawha leben, und die anderen bleiben in Virginia.« Docias

Gesicht glänzte wie frisch poliertes Kupfer, und ihre Augen leuchteten vor Vorfreude.

Mattilda hatte nicht die geringste Ahnung, was Docia meinte. Und auch wenn sie sich als noch so unwissend bloßstellte, sie mußte es herausfinden.

»Und wo werden wir sein?« fragte sie.

»Du wahrscheinlich in der Hölle«, sagte Docia spitz. »Das ist Virginia. Aber ich komme in den Himmel. Das ist Kanawha.« Sie grinste Mattilda an, ein harmloses, falsches Grinsen. Und wie immer verlor Mattilda zuerst die Beherrschung. Docia hatte sie regelrecht dazu herausgefordert.

»Nigger, Nigger, schwarz wie Teer«, sagte Mattilda leise, »kann nicht in den Himmel, ist zu schwer.«

Docia blieb bei einem Streit immer ruhig. Nährte den Funken, der Mattilda in Rage versetzt hatte, und brachte sie dazu, Häßliches zu sagen; dann beschwerte sie sich bei Mattildas Mutter, und Mattilda bekam eine ordentliche Strafpredigt, einmal sogar Prügel. Es war schwer, sich gegen Docia zu verteidigen, die so schnell, so schlau, so zornig sein konnte; ihre Zunge war messerscharf.

Aber diesmal, das war Mattilda plötzlich klar, hatte sie Docia getroffen. Docias Gesicht verschloß sich, sie wandte sich ab. Mattilda beschloß, die Sache noch ein bißchen weiter zu treiben.

»Nigger, Nigger, schwarz wie Teer«, probierte sie es noch einmal, wobei sie Docia nicht aus den Augen ließ.

Docia schlang abwehrend die Arme um sich. Sie starrte an Mattilda vorbei und unterbrach sie sanft: »Sajer, Sajer, grün wie Gras . . .«

»Kann nicht in den Himmel, ist zu schwer«, sagte Mattilda laut.

Docia kniff nachdenklich die Augen zusammen. »Sajer, Sajer, küß mein' Arsch«, sagte sie.

»Docia! Das ist schrecklich!«

Mattilda gab Docia einen ordentlichen Stoß, nicht stärker, als sie es verdient hatte. Zu Mattildas großem Entsetzen stieß Docia zurück. Mattilda versetzte ihr einen Klaps,

Docia schlug zurück. Mattilda trat sie, Docia trat zurück. Sie packten einander, boxten, fielen, zerrten sich an den Haaren, schrien, wälzten sich auf dem Boden und warfen sich immer wieder ihre widerlichen kleine Verse an den Kopf. Wirbelten herum, schlugen aufeinander ein. Mattildas Herz raste, und der Schweiß floß ihr den Hals herunter. Die Kiesel preßten sich schmerzhaft in ihren Rücken, ihr Auge pukkerte, ihre Nase blutete, etwas Salziges tropfte in ihren Mund. Es bedrückte sie, was geschah, aber ihr Zorn ließ sich nicht zügeln.

Schließlich waren beide erschöpft und ließen voneinander ab. Sie schnappten nach Luft, untersuchten ihre Wunden, ihre zerrissenen Sachen. Ihr Zorn war verraucht.

»Jetzt guck dir an, was du gemacht hast«, sagte Docia sachlich. »Mein Knie blutet und versaut mein ganzes Kleid. Mama wird mich verhauen.«

»Na und?« sagte Mattilda. »Guck mal, wie meine Nase blutet.«

Docia schaute sich die Nase an. Ihr Mund blieb offen.

»Oh, mein Gott, die bringen mich um«, sagte sie. »Ich hab dir ein blaues Auge verpaßt. Es wird schon dick.«

Sie war so entsetzt, daß Mattilda meinte, sie trösten zu müssen. »Na ja, das ist aber nicht schlimmer als das, was ich mit dir gemacht habe. Guck dir doch mal deine ganzen Schrammen und Kratzer an.«

Docia war verzweifelt. »Du kapierst überhaupt nichts. Schwarzes Kind schlägt niemals weißes Kind – Regel Nummer eins. Schwarzes Kind widerspricht nie – Regel Nummer zwei. Die werden mich umbringen, du wirst schon sehen.«

Mattilda mochte das nicht glauben. »Docia, du bist albern. Das war doch genauso meine Schuld.«

»Matt, versuch doch wenigstens einmal in deinem Leben was zu kapieren. Ich MUSS gehorchen. Ich MUSS nachgeben. Ich MUSS höflich sein. Du brauchst dich an all das nicht zu halten. Ich aber schon. Bei dir ist es NETT, wenn du gehorchst, und NETT, wenn du nachgibst.« Tränen glitzerten in Docias Augen. »Ich habe immer Schiß. Weißt du das?«

Plötzlich begriff Mattilda. Zum ersten Mal begriff sie, daß Docia, die von Natur aus so quicklebendig wie ein Grashüpfer war, stumm und unterwürfig sein mußte, und sie verstand Docias heftigen, mühsam unterdrückten Zorn darüber.

»Ich möchte nicht, daß es so ist, Docia«, sagte Mattilda bekümmert. »Aber was kann ich denn schon machen? Nichts. Aber Papa und Mama werden dich nicht schlagen. Nie.«

»Das haben sie noch nie getan«, gab Docia zu. »Aber als Sklave weiß man nie. Immer schwebt das über meinem Kopf. Sie könnten mich sogar verkaufen, weg von Mama und Lucas. Weißt du das?«

»Wir sollten dich freilassen«, sagte Mattilda. »Dann brauchst du dir keine Sorgen zu machen.«

»Und das wird Kanawha tun, Matt. Die machen Krieg, um uns zu befreien.«

Schon wieder dieses Wort Krieg. Mattilda wollte darüber nachdenken, konnte es aber nicht. Wenn es Krieg gab und aus Virginia Kanawha wurde, wohin würde sie gehören? Würde sie auf Docias Seite stehen? Es schien so, als gehörte sie dorthin. Oder auf der Seite ihrer Eltern? Sie konnte ihre Eltern nicht verlassen. Das war ein schreckliches Problem, für das es keine Lösung gab.

»Also, ich weiß jedenfalls, was wir beide jetzt machen. Wir sagen einfach, wir sind auf einen Baum geklettert und runtergefallen.«

Docia war begeistert von dieser Ausrede. Das könnte klappen.

»Docia, macht es dir was aus, wenn ich deine Haare noch mal anfasse? Es hat sich irgendwie nicht richtig angefühlt, jedenfalls nicht so, wie ich gedacht hatte.«

Docia zuckte gleichgültig die Achseln und beugte ihren Kopf vor. Mattilda griff mit der Hand in die Haare und staunte.

»Wie fühlt es sich an?« fragte Docia amüsiert.

»Weich. Ich hab gedacht, es würde sich eher wie kleine Sprungfedern anfühlen. Oder wie Draht.«

Docia kicherte. »Nein. Deins ist ja auch nicht glitschig, wie ich immer gedacht habe.«

Sie brachten ihre Geschichte gemeinsam vor. Mattildas Mutter unterzog sie einem prüfenden Blick, stellte aber keine weiteren Fragen. Sie schickte die Mädchen mit Krügen voll heißem Wasser in Mattildas Zimmer, damit sie sich säubern konnten. Trotz ihrer Schrammen und Wunden gingen sie glucksend nach oben.

Aber dennoch fühlte sich Mattilda unbehaglich. Bisher hatte sie sich noch nie mit Docia geschlagen. Es schien, als ob der ekelhafte Krieg, von dem andauernd die Rede war, nach ihr langte und ihr mit schweren Fingern auf die Schulter klopfte.

4. Kapitel

Das freundliche Grinsen in Ray Beards Gesicht stand im Widerspruch zu seinen kalten Augen. Und weder Mattilda noch sonst irgend jemand im Schulgebäude ließ sich davon täuschen. Höflich, leicht nach vorne gebeugt, stand er vor Sarah.

»Sie wissen, Miss Sarah, daß es gegen das Gesetz ist, ihnen Lesen und Schreiben und solche Sachen beizubringen. Das schafft nur Unruhe, sonst würde ich ja kein Wort darüber verlieren.«

Sarah blieb ruhig und furchtlos vor ihm stehen, ihr Rükken war gerade wie ein Meterstab, auch als Marjorie weiß wie die Wand wurde und sich hinsetzte. Irgend jemand sollte unseren Vater holen, dachte Mattilda. Aber ich nicht. Als ob er ihre Gedanken gelesen hätte, stand plötzlich ihr Bruder Bill auf und ging. Sarah und Mr. Beard warfen ihm einen kurzen Blick zu, taten aber beide so, als würde sein Weggang keinen Einfluß auf die Angelegenheit haben.

Lucas fing an, Krach zu machen. Er hustete, stöhnte, gähnte laut und ließ schließlich seine Schiefertafel fallen.

Sehen Sie? fragten Mr. Beards Augen triumphierend.

»Lucas«, sagte Sarah, ohne sich umzuwenden. Lucas wurde still. Sehen Sie? trotzten ihre Augen.

»Ich möchte gerne wissen, welches persönliche Interesse Sie mit der Schule verbindet«, sagte Sarah. »Sie haben unseren Unterricht offenbar unterbrochen, weil Sie etwas Ihnen sehr Wichtiges zum Ausdruck bringen wollten. Etwas Persönliches. Und ich würde gerne wissen, worum es sich bei dieser wichtigen Angelegenheit handelt.«

Ah, gut. Was geht Sie das an, sagte sie. Und kleidete es in so nette Worte. Sagte nicht, das hier ist unser Haus und Sie sind nur hier, weil wir es dulden.

»Na ja, ich will doch bloß sagen, Miss Sarah, daß Sie hier zwei Nigger dabeihaben und daß Sie ihnen Unterricht geben. Das verstößt gegen das Gesetz, und es ist meine Pflicht, es zu melden, wenn Sie nicht damit aufhören. Aber es ist meine Pflicht als Freund . . .« Er hielt inne, verbeugte sich noch einmal so scheinheilig. »Es ist meine Pflicht, Sie zunächst zu warnen.«

Ihr Vater würde gleich hier sein, um der Sache ein Ende zu bereiten. Er würde Mr. Beard schon die Hosen strammziehen. Mr. Beard schob sein Kinn nach vorne, als ob für ihn das Gespräch zu Ende wäre. Mattilda fand das gräßlich. Immer reckte er sein Kinn heraus, als ob er einen schlechten Geschmack verdrängen wollte.

»Aber Ihr persönlicher Grund?« beharrte Sarah kühl, als ob sie einem Schüler bei einem kniffligen Problem helfen würde. »Wir wissen, daß Sie kein Kind hier haben, das durch Lucas oder Docia Schaden nehmen könnte.«

»Aber eine Cousine!« sagte er, wobei er seinen Kopf der dicken Mary Andover mit dem Pferdeschwanz zuwandte, deren blaue Augen sofort vor Furcht hervorquollen. Ihr rosa Gesicht wurde so bleich wie das von Marjorie.

Cousine! Ungefähr fünften Grades um zwei Ecken, dachte Mattilda verdrießlich. Voller Sympathie schaute sie hinüber zu Mary, dachte an ihren langen, langen Fußweg zur Schule, an die Freude, die sie an Büchern hatte.

Aber jetzt hatte Sarah eine Waffe. Nimm deine Cousine und verschwinde, konnte sie sagen. So schnell, wie ihr der Gedanke gekommen war, so schnell mußte sie ihn wieder fallenlassen. Sarahs schmerzlicher Blick zu Mary sagte genug. Nie im Leben würde sie Mary hinaussetzen.

Wo blieb ihr Vater?

»Oh, ja«, sagte Sarah, »ich hatte ganz vergessen, daß Mary Ihre Cousine ist.«

Wie alle anderen. Besonders Mary.

»Nun denn, Sie haben also einen Grund. Also muß ich jetzt bedenken, was mit mir geschehen kann. Werden Sie mich ins Gefängnis stecken?«

Gott bewahre! sagte Mr. Beards beschwichtigende Hand. Er wollte gerade wieder zu einer Verbeugung ansetzen oder sein Kinn herausstrecken, als Sarah sanft fortfuhr: »Natürlich muß bewiesen werden, daß ich Lucas und Docia im Lesen und Schreiben unterrichte. Mal sehen«, sagte sie und wandte sich zur Klasse. »Lucas, Docia, würdet ihr bitte Mr. Beard etwas vorlesen, um zu zeigen, was ihr könnt?«

Keine Antwort. In die drückende Stille platzte plötzlich Docias Kichern. Mr. Beards Gesicht lief langsam rot an.

»Nun«, fuhr Sarah fort, »würde dann einer von euch Schülern Mr. Beard erzählen, daß ihr gesehen habt, wie ich Lucas und Docia Lesen beigebracht habe?«

Stille. Wieder ein Kichern von Docia. Die Röte kroch von Mr. Beards Gesicht zu seinem Hals. Er wartete.

»Mary?« krächzte er schließlich.

Mary saß wortlos da, so rund und still wie ein Sofakissen. Mattildas plötzlich herausbrechendes Lachen steckte die anderen Schüler an, löste im ganzen Raum ein leises Gekicher aus.

»Mary!«

Marys Gesicht war jetzt rot, aber sie hielt den Kopf gesenkt und sagte kein Wort.

Mr. Beard zog seine Hosen hoch und verließ unter dem

schallenden Gelächter der Kinder den Raum. Der Meterstab in Sarahs Rücken gab nach.

»Uff«, sagte sie und setzte sich.

Das Gelächter hatte sich kaum beruhigt, da kam Papa, gefolgt von Bill.

»Ärger?« sagte er zu Sarah.

»Aber nein, Sir«, sagte Sarah. »Aber wenn du schon mal hier bist, warum hörst du dir nicht mal unsere Schüler an?« Er setzte sich hin, wachsam wie ein Habicht.

»Lucas, würdest du bitte lesen?«

Mit tiefer, voller Stimme fing Lucas an zu lesen, und die Schüler setzten sich zurecht, um zuzuhören und den Worten in ihren Büchern zu folgen.

Oh, Lucas liest wunderschön, dachte Mattilda. Das tat er wirklich.

5. Kapitel

April 1861

Die ganze Familie saß am Mittagstisch; die fünfundzwanzigjährigen Zwillinge Bland junior und Sarah; die zweiundzwanzigjährigen Zwillinge Joe und Michael; Marjorie, vierundzwanzig, verstimmt, weil Albert King sich in letzter Zeit nicht hatte sehen lassen; Elizabeth, siebzehn; und Bill, der erst dreizehn war, aber schon unglaublich großspurig; Mattilda, zwölf. Mattilda hatte gehofft, daß auch Sarahs Mann, Jason Fisher, zum Essen kommen würde. Sie empfand eine merkwürdige Mischung aus Liebe und Schüchternheit für ihren großen, freundlichen Schwager.

Mattilda saß neben ihrem Vater, Bland senior. Sie hatte sich fest vorgenommen, die Sache mit Kanawha zur Sprache zu bringen, und auch, daß Docia freigelassen werden sollte – wenn sie dazu den Mut finden würde. Doch zu ihrem Erstaunen fing ihre Familie bereits von sich aus an, über Kanawha zu reden, bevor sie auch nur ein Wort heraus hatte. Bland junior und Joe gerieten darüber in ein hitziges Streitgespräch.

»Die Leute in der Stadt reden über nichts anderes«, sagte Bland junior. »Die Hälfte meint, sie will in der Union bleiben, und die andere Hälfte will mit Virginia in den Krieg ziehen, wenn nötig. Ich weiß überhaupt nicht, was ich denken soll.«

»Pah«, sagte Joe. »Ich weiß, was ich tun werde, ich gehe mit Virginia!«

Daraufhin ertönte ein Chor von »Ich auch!«, gefolgt von einigen Stimmen mit: »Nein, Sir, ich nicht.«

»Woher will denn irgend jemand wissen, was geschehen wird?« wollte Marjorie wissen. Ihre Augen funkelten, ihr Gesicht war rot und böse. »Woher wollen wir denn wissen, was wir tun sollen, wenn die Union sich entscheidet, hierher zu marschieren und uns unser Eigentum wegzunehmen? Darauf möchte ich eine Antwort. Bitte.«

Eigentum! dachte Mattilda. Damit war Docia gemeint. Können Menschen Eigentum sein? Sie schaute hinüber zu Luella, Docias Mutter, die an der Anrichte eine zweite Handvoll Maisbrot auf das Tablett schob. Ihr Gesicht wirkte angespannt, zurückgezogen, den weißen Leuten verschlossen. Es war Zeit, den Mund aufzutun.

»Ich glaube nicht mehr an die Sklaverei«, sagte Mattilda, wobei sie versuchte, ihre Stimme so unter Kontrolle zu halten, daß sie voll und entschieden wie die einer Erwachsenen klang. Aber ihr Gefühl trog sie, die Stimme quietschte. Mattilda stockte, fuhr aber fort.

»Ich bin Republikanerin«, sagte sie.

Ein Gelächtersturm brauste über sie hinweg; das war nicht anders zu erwarten gewesen. Doch Luella wandte sich um und schaute sie an, ihr Blick war durchdringend wie ein Pfeil, lebendig, aufmerksam, warm. Es war das erste Mal, daß eine erwachsene Schwarze Mattilda so angesehen hatte, und sie hatte das Gefühl, etwas Großartiges zu entdecken, das sie noch gar nicht begreifen konnte. Luellas Blick dämmte das verletzende Gelächter ein. Normalerweise wäre Mattilda in wütende Tränen ausgebrochen und hätte den Tisch verlassen, aber jetzt blieb sie, trotzig und erhitzt. Ein kurzes, heimliches Lächeln huschte über das Gesicht ihrer Mutter. Mama freut sich über mich, dachte sie.

Plötzlich hatte sie eine Verteidigerin. Sarah griff mit sanfter Stimme ein. »Jason denkt genauso, und ich auch«, sagte sie. »Wir haben Sklaven, weil wir in diese Situation hineingewachsen sind, nicht, weil es moralisch in Ordnung wäre. Und ich glaube, es ist unmoralisch.«

Bland junior starrte seine Zwillingsschwester ungläubig an. Noch vor zwanzig Minuten hatte er sich unbändig darüber gefreut, daß sie zum Essen kam.

»Sarah, du willst doch sicherlich nicht so grausam sein und unsere Dienstboten vor die Tür setzen und sie sich selbst überlassen? Wie sollen sie denn für sich sorgen?«

»Genauso, wie sie für uns sorgen«, sagte Sarah kühl. »Bland junior, bist du dir eigentlich darüber im klaren, daß du nie das Wort Sklave benutzt, sondern immer nur Dienstbote sagst? Hast du dir mal über den Grund dafür Gedanken gemacht?«

Mattilda kicherte vor sich hin. Das hatte gesessen.

»Das mußt gerade du sagen!« schrie Billy wütend. »Was ist denn mit Elijah?«

Das stimmte, Elijah, ein schwarzer Mann, dreißig Jahre alt, war Jasons Sklave, obwohl eher das Gegenteil der Fall zu sein schien. In der Familie ging der Witz um, daß Jason und Sarah von Elijah mehr Ratschläge und Anweisungen bekamen als er von ihnen. Elijah sah nicht aus wie ein Sklave, und er benahm sich auch nicht wie ein Sklave. Er hatte ein breites, faltiges Lächeln und einen Backenbart, an dem er ständig herumputzte. Man mußte sein Lachen einfach erwidern. Ihm war es vollkommen egal, ob er ein Sklave war, da war sich Mattilda sicher.

»Genau das wollte ich auch gerade fragen«, sagte Bland junior triumphierend.

Mattilda blieb ruhig. Sarah war zwar klein und still, eine grauäugige Schönheit mit langem rotem Haar, das zu einem Knoten aufgerollt war – ihr Kuhfladen, wie sie ihn nannte, wenn das Haar nicht richtig hielt; ihr Ruhmeskranz, wie Jason sagte. Aber in einem Streit um Recht oder Unrecht war sie zäh wie Weißleder. Oh, Sarah war lieb, ihre liebste Schwester, entschied Mattilda.

»Wie werdet ihr entscheiden, wenn es soweit kommen sollte?« forderte Bland junior die anderen heraus.

Schnell nahmen die Geschwister Partei. »Ich wurde als Virginierin geboren; ich werde als Virginierin sterben«, erklärte Marjorie.

»Ich bin ein Bürger der Vereinigten Staaten«, gab Joe zurück. »Virginia steht erst an zweiter Stelle.«

»So seh ich das auch«, stimmte ihm sein Zwillingsbruder Michael zu.

»Nein, Sir«, brauste Bill auf. »Virginia kommt niemals an zweiter Stelle.«

Bill war nur ein Jahr älter als Mattilda, aber sie akzeptierten seine Entscheidung ohne Gelächter, stellte Mattilda bitter fest. Warum? Warum galt sein Wort mehr als ihres?

Die Abstimmung ging weiter. Es war unentschieden, vier gegen vier, und noch hatten ihre Eltern nichts gesagt. Die Geschwister wurden still, nachdenklich, warteten ab, beobachteten ihre Eltern, wurden sich der stillen Gegenwart von Luella bewußt, beobachteten auch sie. Niemand sprach die Fragen aus, die in der Luft hingen. Mattilda glaubte, daß in den Augen ihrer Eltern die Antworten zu diesen Fragen längst entschieden waren. Ihr kleiner, glatzköpfiger Vater hatte einen milden Ausdruck im Gesicht, der seinen scharfen, entschiedenen Charakter verbarg und einen täuschen konnte, wenn man ihn nicht gut kannte. Oh, er hatte längst entschieden. Er gab reichlich Stachelbeermarmelade auf sein gebuttertes Maisbrot und aß, während er seine Kinder sanft anlächelte. Der Name Bland senior paßte gut zu ihm.*

»Möchte noch jemand Maisbrot?« fragte Luella. »Das ist der letzte Korb mit Maisbrot, und wir müssen neuen Teig machen, wenn Sie noch was wollen.«

Michael und Joe, beide lang und sehnig, griffen im selben Augenblick zum Tablett. Die anderen verneinten leise murmelnd.

»Nein, danke, Luella«, sagte ihre Mutter. »Ich möchte sie nicht vollstopfen.«

»Dorothy, mit dieser Marmelade hast du dich selbst übertroffen«, sagte Bland senior zu seiner Frau.

Sie lächelte. »Möchtest du noch ein bißchen?« fragte sie. »Heute gibt es keinen Nachtisch.«

»Das ist besser als jeder Nachtisch«, sagte er. »Luella, ich möchte, daß du den Dienstboten sagst, ich erwarte sie morgen früh alle zum Gebet.«

Seine Kinder verzeichneten diese Anordnung mit großer Aufmerksamkeit. Seine Ansprache wird bestimmt den halben Tag in Anspruch nehmen, dachte Mattilda. Worum würde es gehen? Ihr Vater hatte sich nie darum gekümmert, wer am Sonntagmorgen zum Gebet kam, und manchmal fand er sogar selber einen Grund, nicht zu erscheinen. Ihr fiel auch auf, daß er genau wie Bland junior niemals Sklave, sondern immer nur Dienstbote sagte. Sklave bedeutete zuviel. Das war zu grausam. Wir halten euch gegen euren Willen hier, bedeutete das, auch wenn es den Anschein hatte, als ob jeder Sklave wirklich gerne blieb, beschützt und geliebt von seinem Herrn.

Mattilda verließ den Tisch, mit vollem Bauch, doch der unbeendete, unentschiedene Streit ließ ihr keine Ruhe. Warum sprach ihr Vater seine Entscheidung nicht aus?

* Engl. *bland* heißt sanft, mild.

6. Kapitel

Das Frühstück am Sonntag war Mattildas liebste Mahlzeit, stets das gleiche, gemütliche Ritual. Es gab knusprig gebratenen Bauchspeck, gebackene Äpfel, Hefekuchen mit einer Kruste aus Zucker und Zimt. Mattilda stand an der Anrichte und tat sich auf, wobei sie sich Joes langer Arme erwehren mußte. Ihre Eltern, die Seite an Seite am Kopf des langen Tisches saßen, warteten geduldig, bis die Zwillinge satt waren.

Schließlich war es soweit. »Stellt die Bänke auf, Jungs«, wies Papa sie an. Die Bänke, die in der langen Vorratskammer gestapelt waren, wurden herausgeholt und in zwei Reihen um den Tisch herum aufgestellt. Luella ging hinaus. »Morgengebet«, rief sie mit langgezogener, hoher Stimme, als ob sie jemanden aus dem Nachbarbezirk herbeirufen wollte.

Ruhig kamen sie herein, die Alten und die Jungen, neugierig und gespannt, warum sie zum Gebet zusammengerufen worden waren, riskierten einen Blick in die Runde, senkten aber dann die Augen gleich wieder, wie es sich ziemte. Außer Luella, Lucas und Docia (die Außenseiter, aufrecht und furchtlos). Mattilda beobachtete die vertrauten Gesichter, wünschte, sie könnte ihnen mitteilen, daß alles in Ordnung war. Docia ging an ihr vorbei und zwinkerte ihr sachte zu. Mattilda erwiderte den Gruß ebenso ernsthaft.

Mama las einen Psalm, und Mattilda versuchte zuzuhören. »Von dem an stehet dein Stuhl fest; du bist ewig. Herr, die Wasserströme erheben ihr Brausen, die Wasserströme heben empor die Wellen.«

Das waren bedeutsame Worte, über die es sich nachzudenken lohnte, aber Mattilda konnte das nicht.

Die Gebete begannen, Papas war kurz und klar: »Gib uns, was wir brauchen, und laß uns dessen würdig sein.« Dasselbe, was er immer betete. Ihre Mutter bat um Segen für sie alle und um Schutz in diesen unsicheren Zeiten.

Dann betete Luella, eine knappe, unerwartete Bitte: »Herr, bitte laß mich frei sein. Amen.«

Das war ein Schock. Mattildas Augen suchten Docias. Weiße und Schwarze verstummten voller Entsetzen über diesen Wagemut.

Papas Gesicht blieb eisern. »Möchte sonst noch jemand beten?« fragte er.

Niemand. Luellas Gebet war deutlich genug gewesen. Dann stand Papa auf. Jetzt kam seine Ansprache. »Ihr werdet alle wissen, nehme ich an, daß uns eine große Auseinandersetzung bevorsteht. Scheint so, als würde es einen Kampf geben, Norden gegen Süden, vielleicht wird es sogar dazu kommen, daß dieses Land auseinandergerissen wird, Gott behüte. Wenn es dazu kommt, werde ich mich an das halten, wofür sich Virginia entscheidet, und zwar aus folgendem Grund. Zuallererst kommen die Menschenrechte. Dann die Rechte der örtlichen Regierung. Das ist der einzelne Staat im Bund. Dann kommen die Rechte der Bundesregierung. Ich persönlich finde es schlecht für unser Land, wenn die Rechte der einzelnen Bundesstaaten beschnitten werden.«

Mattilda wurde ganz kalt ums Herz. Sie schaute in Docias wütend glitzernde Augen.

»Auf der anderen Seite gibt es die Frage der Sklaverei. Mrs. Repass und ich haben immer wieder und wieder darüber gesprochen. Zuallererst kommen die Menschenrechte. Wir können nur zu dem Schluß kommen, daß es schlecht und böse ist, einen Menschen zu einem Sklaven zu machen. Deshalb lassen wir euch jetzt alle frei.« Seine Stimme war so leise geworden, daß Mattilda bezweifelte, richtig gehört zu haben.

»Was, Papa?« fragte sie voller Aufregung. »Was?«

»Ihr seid alle frei«, sagte ihr Vater mit lauter Stimme. »Wir haben für jeden einzelnen von euch die Freilassungspapiere vorbereitet.«

Es war die kürzeste Rede, die Papa je gehalten hatte, und die beste.

»Halleluja«, sagte Luella. »Ehre sei dem Herrn. Halleluja.«

»Luella, du kannst gut beten«, sagte Vater mit einem leisen Lächeln.

Das stimmt, dachte Mattilda. Nächstes Mal, wenn ich mir etwas wirklich wünsche, dann werde ich Luella bitten, darum zu beten.

Umarmungen ringsum. Luella umarmte Mama, Mama Papa, Papa Willie. Mattilda ging um den Tisch herum und umarmte Docia. Sie wünschte, ihre Schwester Sarah wäre hier, damit sie sie umarmen könnte. Und Jason. Der Raum war erfüllt mit Gelächter, Vorhaltungen, klatschendem Händeschütteln. Jubel.

Die Stimmung änderte sich schnell. Einige der Schwarzen bekamen einen ängstlichen Ausdruck im Gesicht, besonders Tante Lu, die so gebrechlich und alt war, daß sich niemand an ihr genaues Alter erinnern konnte. Ihre Hände zitterten, ihr Mund arbeitete. »Was sollen wir machen?« fragte sie Papa. »Wo sollen wir hin?«

»Nun«, sagte er, »wenn ihr wollt, könnt ihr gehen. Ihr bekommt Kleider und zwanzig Dollar für jeden Erwachsenen, zehn für jedes Kind. Oder ihr könnt hierbleiben und wie zuvor arbeiten, und ich werde euch zahlen, was ich kann.« Er hob warnend die Hand. »Es wird nicht viel Geld sein. Wir haben es nicht. Euer Essen wird genauso wie unseres bleiben, und ihr werdet eure Kleidung und etwas Geld bekommen, je nachdem, was ihr tut. Es wird einiges Nachdenken und Kalkulieren erfordern, um herauszufinden, wieviel das sein wird.«

»Was kann ich machen?« fragte Tante Lu. »Gibt keine Arbeit, die ich noch machen kann.« Ihr Gesicht war besorgt.

»Du tust, was immer du kannst, Tante Lu«, sagte Mama freundlich. »Du hilfst mir, oder du arbeitest in der Küche deiner Tochter. Oder vielleicht webst du uns einen Teppich. Aber hauptsächlich wirst du dich ausruhen. Das hast du verdient.«

Sofort machte sich allgemeine Erleichterung breit, außer

bei Lucas. »Aber wenn wir weggehen«, sagte Lucas, der jung und stark aussah, »wo sollen wir hin?« Lucas stand aufrecht auf seinen stämmigen Beinen, hatte die kräftigen Arme vor der Brust gekreuzt. Seine schwarzen Augen blitzten vor Aufregung. Es war das erste Mal, daß Mattilda bei ihm eine andere Gefühlsäußerung außer Zorn erlebte.

»Oh, Lucas, wir würden dich nur ungern gehen sehen«, sagte ihr Vater. »Wo soll ich denn je wieder einen so guten Schmied herkriegen wie dich?« Er betrachtete Lucas, bemerkte die Abenteuerlust in ihm, seufzte. »Es wird schwer, ich seh schon, du willst gehen.«

Lucas versuchte seine neugewonnene Freiheit. »Bland senior, wenn ich hierbleibe, dann ist das immer noch wie Sklaverei. Verstehen Sie? Ich muß ein neuer Mensch werden, alles neu denken.«

Papa blinzelte erstaunt, so schnell mit seinem Vornamen angeredet zu werden, akzeptierte die Tatsache mit einem Achselzucken, setzte das Gespräch fort. Zeigte nur sein Bedauern, Lucas zu verlieren.

»Gut, du gehst also. Ich denke, du wirst keine Probleme haben, Arbeit zu finden. Ein guter Schmied wird überall gebraucht.«

»Ja, Mann, als Sklave«, sagte Lucas. »Hier in der Gegend gibt's nur Sklaven als Schmiede. Ich muß weg von den Sklavenhaltern. Zeigen Sie mir eine Richtung, und da gehe ich lang.«

Die Gebetsstunde war vorüber, doch die Familie und die freigelassenen Menschen blieben noch beisammen, einige hörten Lucas und Papa zu, andere führten in kleinen Gruppen eigene Gespräche, überlegten und wägten ab, änderten ihre Meinung, die Schwarzen weinten und lachten, kosteten das Gefühl der Freiheit.

»Ich denke, ich würde in Princeton anfangen«, sagte ihr Vater. »Dort gibt es nicht viele Sklaven. Ich will dir was sagen, Ich geb dir einen Empfehlungsbrief mit. Wie wär das?«

Schon war alles anders, bemerkte Mattilda, Lucas war erst der Anfang. Wer würde der oder die nächste sein – Luella und Docia? Hoffentlich nicht. Es war ein völlig neues Bild, wie die Weißen und die Schwarzen mit neugierigen, zögernden Stimmen miteinander sprachen, die Balance suchten, die richtigen Worte. Eine Last war von ihnen genommen, und trotzdem schien der leicht fragende Ton der Stimmen anzudeuten, daß die alten, vertrauten Sicherheiten fehlten.

»Das ist gut«, sagte Lucas. »Und wie wär's, wenn ich so lange bleibe, bis ich jemand anderen angelernt habe?«

»Oh, ja.« Ihr Vater schien erleichtert. »Das wäre eine große Hilfe.«

Michael trat näher. »Er soll es mir beibringen, Papa.« Das war ein neuer Gedanke. Weiße Leute würden umlernen müssen. Lucas warf einen Blick auf Michaels spindeldürren Körper, aber er enthielt sich jeden Kommentars. Auch er war einst dünn gewesen. Und außerdem hatte auch er einiges zu lernen, und Michael könnte sein Lehrer sein.

Papa überlegte und nickte dann. »Du hast recht, Mike. In Ordnung.«

Mattilda sah, wie das Gesicht ihrer Mutter zufrieden glänzte. Sie war noch nie so stolz auf ihren Vater und auf ihre Mutter gewesen – die, wie Mattilda genau wußte, die ganze Angelegenheit ins Rollen gebracht hatten.

7. Kapitel

Michael machte einen Nagel. Abgesehen vom Beschlagen der Pferde verstand Michael noch nicht viel vom Schmieden. Und selbst dabei war er noch darauf angewiesen, daß Lucas das Hufeisen fertigte, das Michael dann aufschlug.

Während Mattilda den unablässigen Schlägen lauschte, wußte sie genau, jetzt arbeitet Lucas. Wie ein klares Lied tönte sein Hämmern aus der Scheune. Tinkety-tinkety-

tinkety ... Tonk tink ... Tonk tink tink. Und dann machte sie sich gefaßt auf Michaels Schläge. Sein Rhythmus war dumpf, eintönig ... tank-tank, tank-tank-tank ... Mattilda dachte, sie würde noch verrückt werden von dieser Monotonie. Nur ein Ausbruch in hilfloses Gelächter rettete sie vor dem schieren Wahnsinn.

Lucas schüttelte den Kopf über Michaels Entschlossenheit, einen Nagel machen zu wollen. »Wäre besser, wenn du dir für den Anfang was Gröberes vornehmen würdest, Michael. An den Wagen muß noch eine Menge gemacht werden.«

Michael schüttelte nur den Kopf und verkroch sich wieder hinter seinen wütenden Schlägen. Schließlich hatte er einen Nagel, der ihm gefiel.

Es war ein schöner, fünf Zentimeter langer, vierkantiger, sich fast gleichmäßig bis zur Spitze verjüngender, ein guter, ordentlicher Nagel. Mattilda wollte ihn gerne haben, und er überreichte ihn ihr voller Stolz, als schenkte er ihr ein Diamanthalsband.

8. Kapitel

Lucas meinte, jetzt könne er gehen. Länger wollte er nicht mehr warten. Für Mattilda und Docia sah er sehr merkwürdig aus, wie er in seiner guten braunen, handgewebten Jacke und seinen geölten Schuhen davonging – wie ein Städter. An der Biegung des schmalen Kiesweges wandte er sich um und winkte unbekümmert. Sie winkten zurück, und die sonst so gelassene Luella stöhnte plötzlich.

»Oh, Lucas, Baby«, sagte sie laut. Docia weinte, und Mattilda spürte, wie ihr die Augen feucht wurden.

9. Kapitel

Lucas tauchte vor dem Wohnhaus auf, im Bauch klaffte eine tiefe Wunde. Er fieberte, erbrach sich. Mantel und Schuhe waren verschwunden. Seine Augen glänzten vor Haß und Schmerz.

Sofort stürzten Luella und Docia herbei. Mattilda traf sie an der Küchentür.

»Nimm Docia mit hinauf in dein Zimmer«, befahl ihre Mutter. »Bleibt dort, bis wir euch rufen.«

»O nein, Mama. Warum?« fragte Mattilda, die bemerkte, wie erschüttert Docia war.

»Wir müssen Lucas verarzten. Ihr Mädchen könnt nicht dabeisein.« Sie hielt inne und klopfte Docia auf die Schulter. »Tut mir leid, Docia.«

In der abgedunkelten Diele umklammerte Docia Mattildas Arm, legte einen Finger auf die Lippen. Sie waren sich sofort einig, ließen sich auf den Boden nieder und blieben im dunklen Schatten sitzen, guckten, lauschten. Immer war das das einzige, was ihnen zu tun blieb, dachte Mattilda, zuschauen und zuhören, nie durften sie etwas machen . . .

»Es geht schon los«, sagte Lucas stöhnend, während Mattildas Vater und Luella das Hemd um die blutverklumpte Wunde aufschnitten. »Sie ließen mich nicht nach Princeton rein. Haben meine Papiere zerrissen und gelacht. Mir alle meine Sachen geklaut.« Lucas hielt inne und würgte, wischte sich mit einem Tuch, das Luella ihm gereicht hatte, über den blutigen Mund. »Einen von denen hab ich mir aber vorgenommen! Mir meine Freilassungspapiere zu zerreißen! Ich hab ihm mächtig . . .« Trotz seiner schweren Verwundung nahm er sich nach einem Blick auf Dorothy Repass und seine Mutter zusammen und sagte bloß: »Ich hab's ihm ordentlich gegeben.« Lucas verzog das Gesicht zu einer Grimasse aus Freude und Schmerz. »Er hat gebrüllt. Aber wie.« Er verschnaufte, machte die Augen zu.

Papa löste vorsichtig das blutige Hemd von der Wunde, das so eng wie eine zweite Haut saß.

»Schon gut, mein Sohn«, sagte Mama an Luellas Stelle, die still die Zähne zusammenbiß. Lucas sank zurück, starrte ins Licht. Er sprach weiter.

»Ein anderer Mann hat dreimal auf mich geschossen, bis auf den ersten gingen alle Schüsse vorbei. Nach dem ersten Schuß war ich erledigt.«

»Wer war es, Lucas?« fragte Papa mit vor Wut zitternder Stimme.

»Weiß nicht. Weiße Männer. Auf dieser Seite von Princeton. Ich weiß nicht, wofür die waren oder wogegen.« Er seufzte, dämmerte einen Augenblick, fuhr dann wieder hoch. »Sie wollten sich für den Kampf vorbereiten. Brauchten einen Nigger zum Üben. Und da kam ich dann gerade recht.«

Das Stück Hemd war ab. Das Licht fiel voll in Papas Gesicht, als er aufstand und seiner Frau einen hoffnungslosen Blick zuwarf.

»Schick jemanden zu George«, sagte er zu ihr. Sie zündete eine Kerze an und ging hinaus.

Wenn ihr Vater seinen Bruder, der Arzt war, holen ließ, dann war es hoffnungslos. Papa hatte nie seine Abneigung gegen seinen lärmenden, selbstsicheren, unsensiblen älteren Bruder verbergen können, und nur bei äußersten Notfällen ließ er Onkel George holen. »Komm«, sagte Mattilda zu Docia, und sie gingen beide zusammen zu Luella, um bei ihr zu warten.

Onkel George untersuchte Lucas, holte ein paar Tabletten heraus und ließ seine Tasche zuschnappen. »Wegen dem hättest du mich nicht aus dem Schlaf zu holen brauchen, Bland«, sagte er kalt. »Gib ihm ein paar von den Tabletten, wenn die Schmerzen zu stark werden.«

Er streckte sich, warf noch einen langen Blick auf jeden einzelnen im Raum, bis er bei Docia angekommen war. »Komm mit und halt mir mein Pferd«, befahl er. Schweigend folgte ihm Docia hinaus in die Dunkelheit.

10. Kapitel

Lucas brauchte acht Tage zum Sterben. Sein unruhiges Reden und seine gelegentlichen Schreie schufen eine gedämpfte Stimmung auf der Farm, auf der doch alle an die glücklicheren Geräusche gewöhnt waren, die er mit Hammer und Amboß zu produzieren pflegte. Mattilda erlebte zum ersten Mal, daß jemand starb, den sie kannte, und sie versuchte über seinen Tod nachzudenken, aber immer schweiften ihre Gedanken unruhig ab. Sie konnte nicht glauben, daß er tot war, und erwartete immer, ihn anzutreffen, wenn sie Docia besuchte.

Lucas wurde in Luellas Haus aufgebahrt, umringt von großen Sträußen Apfelblütenzweige. Die Männer der Repass-Familie arbeiteten gemeinsam mit den Schwarzen an dem Sarg und gruben das Grab. Als sie damit fertig waren, stieg Mattilda auf den Erdhügel und schaute hinab auf den Haufen orangefarbener Erde, die bald auf Lucas geschaufelt werden würde. Ein Schauder überkam sie, als hätte eine Geisterhand sie berührt, und sie raste den Hügel hinab, stolperte, fiel und rollte, dann rannte sie, bis sie sicher zu Hause war.

Ihre Schwestern fertigten aus Satin die Auslage für den Sarg, und die freigelassenen Frauen bereiteten das Essen für die Totenwache. Nichts davon schien Mattilda wirklich, nicht einmal Lucas, der militärisch steif mit trotzig gerecktem Kinn dalag. Es ist nicht wirklich Lucas, dachte sie.

In der Scheune fand sie den wirklichen Lucas, weil dort jedes Wagenrad, das seinen Schatten auf Wand und Boden warf, von Lucas' Hand war. Jedes klingende Geräusch rief ihr das fröhliche, lebendige Lied seines Ambosses ins Gedächtnis. Lucas konnte nicht tot sein.

11. Kapitel

Mai 1861

Es war Sonntag, und das Haus war erfüllt von den emsigen Vorbereitungen für das Frühlingsfest. Daß der Krieg schon seine Schatten auf sie warf, spielte keine Rolle. Niemand glaubte wirklich an den Krieg, außer Luella vielleicht, deren trauerndes Gesicht alle an Lucas erinnerte. Außer Docia, die manchmal völlig unvermittelt in Tränen ausbrach. Außer Sarah, deren ernster, besorgter Blick bei Mattilda unkontrollierbare Schauer auslöste, die ihr vom Magen bis in die Fuß- und Fingerspitzen fuhren. Die Männer der Familie wirkten aufgeregt, sie waren bereit – für das Abenteuer und für das Fest.

Mattilda und Docia pflückten Blumen für jedes Zimmer im Haus, arbeiteten Marjorie zu, die die Sträuße zusammenstellte. Sie bedeckten die Arbeitstische mit großen Schalen und Krügen voll strahlender Schwertlilien, Jungfern im Grünen, Hartriegeln, wilder Azaleen, Akeleien, Spanischem Flieder, Pfingstrosen, verschwenderisch in Rot und Rosa, und Lorbeerblättern als Grünschmuck. Sie füllten Schüsseln mit Maiglöckchen und violetten Veilchen, die sehr süß und unschuldig aussahen und schwierig zu arrangieren waren, eine Herausforderung für Marjorie.

Mattildas Kleid – rosa mit aufgestickten Rosenknospen auf dem Saum – war zu einem gewaltigen Bausch aufgebügelt worden. Es hing am Fenster, wo es in der kühlen Brise auslüften konnte, bevor Luella es nach oben brachte. Luella zwinkerte Mattilda zu, als sie sah, wie sie das Kleid verträumt betrachtete. Es stand ordentlich ab, aber Mattilda wäre es lieber gewesen, wenn ihr Mama erlaubt hätte, eine Turnüre, einen nach hinten abstehenden Reifrock, darunter zu tragen – denn das unterschied die Frauen von den Mädchen.

»Was willst du denn mit einer Turnüre, wenn du gar nichts reinzustecken hast?« wollte Docia wissen.

»Das meine ich doch gerade«, sagte Mattilda. »Ich will ein bißchen Form kriegen.«

Docia kicherte, streckte ihr mageres Hinterteil hinaus und schielte seitwärts danach. »Die krieg ich von selber.«

Mattilda haßte die Blumen, haßte es, Blumen zu pflanzen, haßte das Unkrautjäten, das Bewässern, Hacken, Pflücken (unter der Anleitung von jemand anderem – »Paß auf, daß die Stiele lang genug bleiben« –, als ob sie eine Idiotin wäre). Wenn es ihr überlassen wäre, würde sie ein dickes Bündel Blumen pflücken und sie in einen riesigen Krug stecken und so auf den Tisch stellen. Und wem das nicht gefiel, der konnte ja woanders hingucken.

Mit gebeugtem Kopf und gerunzelter Stirn steckte Marjorie die Blumen. Dann schickte sie Docia oder Mattilda mit dem fertigen Produkt an den dafür passenden Platz.

»Dies gehört auf den Kaminsims in Mamas Zimmer, und zwar mit dieser Seite zur Tür.« Und so weiter und so weiter, bis das ganze Haus nett und augenfällig war, woraufhin Mattildas Haß auf die Blumen sich unvermittelt in Liebe verwandelte. Und als sie eigentlich hätte baden sollen, wanderte sie durchs Haus und betrachtete die vielen Bouquets voller Stolz auf die gelungene Arbeit.

12. Kapitel

Dieses Fest war anders als all die anderen, an die sie sich erinnern konnte, als sie nur von der Küche oder von der Balustrade im zweiten Stock aus zuschauen durfte. Der Sinn eines Festes, hatte sie beobachtet, bestand darin, Männer und Frauen zusammenzubringen, so daß sie miteinander tanzen, flirten, essen, lachen und scherzen konnten.

Diesmal jedoch hüpften die Männer herum wie kleine Jungen, die zu einem Abenteuer aufbrachen. Ignorierten die Frauen. Lachten. Schlugen sich auf die Schultern. Waren fröhlich. Mattilda überlegte, ob es der Krieg war, der sie so glücklich machte, oder ob die Blumen sie genauso schwindlig machten wie sie selbst. Männer waren schwer zu verstehen, ihre großzügige Höflichkeit den Damen gegenüber konnte schnell in laute Grausamkeiten umschlagen. Sie beobachtete die lachende Gruppe ihr gegenüber im Speisezimmer. Sie saß neben der Tür zur Diele, von wo aus sie hastige Berichte an Docia weitergeben konnte, die Luella und den anderen Frauen beim Herrichten des Buffets half. Bis jetzt hatte es allerdings nichts zu berichten gegeben, aber bald würde der Tanz beginnen, und sie würde sich sehr beherrschen müssen, um nicht über die Tänzer zu lachen. Würde sie zum Tanz aufgefordert werden? Und wenn, was würde sie antworten? Docia hatte ihr gesagt, sie sollte dem Mann einen schmachtenden Blick zuwerfen und sagen: »Ich hab mich schon die ganze Zeit gefragt, wann Sie mich auffordern würden.« Sie hätte ihre Mutter oder Sarah fragen sollen.

Noch aber saß sie allein da, war noch nicht alt genug, um wie ihre Schwestern als Gastgeberin geschäftig hin und her zu eilen, aber auch nicht mehr jung genug, um auf der Treppe zu sitzen. Sie war in einem sehr unpraktischen Alter. Alle im Raum waren in Bewegung. Bis auf eine Gruppe von Männern, die sich jetzt mit gesenkten Stimmen ernst unterhielten. Es ging um den Krieg, da war sie sich sicher. Der Krieg war jetzt schon dabei, das Fest zu zerstören. Sie schaute sich die Gruppe genauer an. Den Mann im Mittelpunkt, Ray Beard, der am anderen Ende der Gemeinde wohnte, empfand sie immer noch als Bedrohung. Ganz egal, wie oft sie ihn sah, auch nachdem ihn Sarah im Schulhaus so erfolgreich abgewiesen hatte, war er für sie ein Fremder, der sie mit ernsten, nüchternen Augen über einem breiten Grinsen anschaute, so daß die obere Hälfte des Gesichts überhaupt nicht zur unteren paßte. »Und wie geht's, Miss Mattilda?« würde er fragen, als ob er sich nach einer dritten Person erkundigen wollte, wobei seine großen grünen Augen ausdruckslos über sie hinaus und hinweg schauten.

Mattilda ließ sich nicht täuschen. Mr. Beard betrachtete sie als kleines Mädchen, dumm und albern, nicht als vollwertigen Menschen. Genauso verhielt er sich älteren Damen gegenüber, hatte sie bemerkt, denen er mit sehr zurückhaltender Höflichkeit begegnete und dabei ein verschlossenes Gesicht machte, als wollte er verbergen, daß er sie für nicht besonders gescheit hielt. Wenn er seinen Diener gemacht hatte, dann reckte er sein Kinn heraus, als wollte er damit etwas Häßliches beiseite stoßen. Nur in Gegenwart von Männern und jungen Frauen wurde Mr. Beard lebendig und wirklich. Allein das reicht schon, ihn zu hassen, dachte Mattilda, und sie beschloß, sich daran zu erinnern, wenn sie so alt war, daß er von ihr Notiz nehmen würde.

Jetzt sprach Mr. Beard mit grimmiger Schärfe auf die Gruppe von Männern ein, die inzwischen so groß geworden war, daß sie den halben Raum einnahm. Fiedelmusik, weich wie Seide, hub im anderen Raum an. Dies war ihr erstes Fest, und sie wollte tanzen! Obwohl sie Docia gesagt hatte, daß sie bei einer Aufforderung mit Sicherheit sagen würde: »Aber nein, danke. Mein Hühnerauge tut mir weh.« Ihre drei älteren Brüder waren jetzt auch bei der Gruppe, und die Stimmen waren lauter geworden, hatten eine bedrohlichen Unterton. Sie konnte nicht verstehen, was gesagt wurde, allenfalls das eine oder andere Wort über Gouverneur Wise und die neuen Forts, die die Südstaaten für sich in Anspruch genommen hatten, aber sie begriff den Zusammenhang nicht.

Am liebsten wäre sie zu Mama und Papa gerannt, um es ihnen zu erzählen, aber sie erinnerte sich sehr gut, was ihr über ihr Verhalten auf dem Fest eingeschärft worden war: »Du bewegst dich nicht ohne Begleitung durch den Raum!« Im Grunde war sie an den Stuhl angebunden, und das war dumm. Inzwischen gab es zwei Gruppen, wie sie bemerkte: eine um Mr. Beard herum und eine eher formlose, Männer und Frauen, die aufeinander zugingen, als wollten sie sich gegenseitig unterstützen, hier eine schnelle Berührung, da ein Lächeln. Eine führerlose Gruppe.

Sarah und Jason lächelten und winkten ihr von der Tür aus zu, und sie fühlte sich merklich erleichtert. Ihre Eltern müßten ihren Platz am Eingang verlassen, wo sie die Gäste begrüßten, und hier hereinkommen, um das Fest zu beginnen, aber vielleicht könnten das auch Sarah und Jason tun. Sarah war wunderhübsch anzuschauen, stellte Mattilda voller Freude fest, und es war auch egal, ob jemand merkte, daß sie schwanger war. Sicherlich würde sie die eine oder andere schnippische Bemerkung zu hören bekommen – in diesem Zustand zu tanzen! Jason, der über seinem schneeweißen Hemd braun wie ein Eichenblatt war, ließ seinen Blick durch den Raum schweifen, faßte besonders die Zuhörerschaft von Mr. Beard ins Auge. Er beugte sich hinunter zu Sarah und sagte etwas zu ihr. Sie nickte, streckte ihm ihre Arme entgegen, und sie galoppierten in einer munteren Polka um die Gruppe herum, was das Fest endlich in Schwung bringen mußte. Mattilda entspannte sich sofort und war den beiden dankbar, daß sie mit dem Tanzen angefangen hatten, statt darauf zu warten, daß ihr Vater den Tanz mit einer seiner Töchter eröffnete. Mama weigerte sich nämlich zu seiner unendlichen Enttäuschung zu tanzen, nur gelegentlich gab sie im Kreise der Familie zum Vergnügen der Kinder eine Einlage im Holzschuhtanz. Tanzen und Methodismus schlossen einander aus, das glaubte sie felsenfest, ihre Kinder hinderte sie aber niemals am Tanzen. Das Tanzpaar tollte an Mr. Beards Gruppe vorbei, und Sarah gab Bland junior einen unmißverständlichen Klaps auf die Schulter. Sein aufgebrachtes, wütendes Gesicht tauchte aus der Gruppe auf, löste sich aber beim Anblick seiner Schwester sofort. Er bemerkte, daß das Fest zu sterben drohte, und verwandelte sich umgehend in den Gastgeber. »Entschuldigen Sie, meine Herren«, sagte er,

»Zeit zu tanzen.« Es gab einen fast hörbaren Seufzer der Erleichterung von den Frauen, die zusammensaßen und sich bemühten, möglichst gleichgültig dreinzuschauen.

Aber es klappte nicht. Bland junior schwang sein Mädchen im Tanz, und die ziellos herumschwebende Gruppe versuchte sich anzuschließen, aber die meisten von ihnen konnten keine Polka, wie Mattilda sehen konnte. Sie konnte es. Warum forderte sie niemand auf?

Die Musik hörte auf. »Sie sollen einen Walzer spielen«, bat eine Männerstimme, und sie hörte, wie der Walzer begann. Plötzlich war Jason da, machte eine Verbeugung und lächelte sie an, als ob sie wirklich existierte und nicht bloß der kleine Haufen auf dem Stuhl war, als der sie sich allmählich empfand. Oh, sie hatte Angst. Sie würde sich schrecklich anstellen, und dann wäre ihr ganzes Üben für die Katz.

»Das erste Mal ist fürchterlich, stimmt's?« sagte Jason, als ob er ihre Gedanken lesen könnte. »Ich kann mich noch genau daran erinnern, wie das ist.«

Mattilda kam zu dem Schluß, daß sie in Jason verliebt war und von nun an in ewiger Trauer ohne einen Geliebten durchs Leben gehen müßte, weil ihre einzige Liebe verheiratet war. Und los ging's. Wenn sie am Anfang noch ein bißchen ungeschickt war, nicht gleich den Rhythmus fand, würde Jason sie verstehen. Aber sie war doch schnell dabei, glitt mit ihm hin und her, leichtfüßig und glücklich wie ein Katzenkind.

Dann kommandierte ihr Vater: »Meine Herren, auf zum Tanz.«

Eindeutig eine direkte Herausforderung an Mr. Beard. Mattilda lauschte gespannt, während Jasons fester Griff sie davonführte.

»Bland senior, wir sind dabei, etwas zu planen, was auf die Reihe zu bekommen, und das Problem haben zum Teil Sie verursacht«, sagte Mr. Beard.

Herausforderung angenommen.

Jason brachte sie zu ihrem Platz zurück, bedankte sich

bei ihr (der Walzer war noch gar nicht zu Ende) und begab sich schnell an Papas Seite. Michael und Joe lösten sich plötzlich aus der Gruppe und stellten sich neben die beiden Blands.

»Nun, Sir, was immer ich verursacht haben mag, dies ist jedenfalls nicht der Ort und der Zeitpunkt, um darüber zu diskutieren«, sagte ihr Vater ruhig.

Es war seltsam. Alle Damen standen wieder an den Wänden, in kleinen Gruppen oder allein, und alle Männer waren in der Mitte des Raumes, in zwei feindliche Lager gespalten, und maßen sich wie kleine Jungen.

»Sie haben Ihre Nigger freigelassen, Sir. Haben Sie daran gedacht, daß das auch uns was angeht? Wenn alle unsere Nigger plötzlich anfangen überzuschnappen?« rief Mr. Beard in die Stille.

Jetzt wurde Papa wütend. Er mochte es nicht, wenn gebrüllt wurde.

»Oh?« sagte er. »Wie hat es denn Sie betroffen?« Die Frage war schlau. Mr. Beard nannte keinen einzigen Sklaven sein eigen, hatte weder Dienstboten noch Ehefrau. Die Wut in seinem Gesicht zeigte, daß der Hieb gesessen hatte.

Der Krieg stand kurz vor dem Ausbruch, und zwar hier, direkt vor ihrer Nase. Als nächstes würde Michael ins Wohnzimmer springen und von dort sein geliebtes Schwert holen, um sich damit den Weg zurück zu bahnen. Docia steckte den Kopf herein. »Ich hab Angst, Docia«, flüsterte Mattilda. »Die machen den Krieg jetzt gleich hier.«

»Wer ist für den Norden?« fragte Docia heftig, als sei sie bereit, sich einzumischen.

Mattilda war verwirrt, verstand das Ganze nicht. Alle ihre Brüder unterstützten inzwischen Virginia, das wußte sie, aber Jason neigte dem Norden zu und stimmte mit denen überein, die sich von der Sezession lossagen wollten. Doch jetzt stand er bei ihrer Familie. Und auch die ziellos Herumspazierenden stellten sich jetzt neben ihren

Vater gegen Mr. Beard. Und doch glaubte sie, daß ihr Vater und Mr. Beard auf derselben Seite waren, für den Süden.

Jetzt mischte sich Bland junior ein. »Papa, wir reden über den Krieg, und das ist viel bedeutsamer als ein Fest.«

Aber es ist mein erstes Fest, dachte Mattilda bestürzt.

Bland junior räusperte sich. »Wir gehen zum Gerichtsgebäude und verpflichten uns als Soldaten für Virginia. Joe, Michael und ich. Montag morgen schon.«

Die Worten waren heraus, und alle hatten sie gehört. Sie hatte gewußt, daß es geschehen würde, aber Mattilda wurde übel, als sie den Schock im Gesicht ihrer Mutter sah.

»Ich auch. Ich gehe auch.« Ein Tumult von Stimmen erhob sich, dann aber wurde es still, als Jason zur Seite trat, sein braunes Gesicht feierlich ernst.

»Ich gehe in die andere Richtung – nach Norden. Ich unterstütze Mr. Lincoln.«

Die Stille im Raum konnte die Wut nicht verbergen, die einige Männer um Mr. Beard erfaßte.

»Ich gehe mit dir, Jason«, bot ein kleiner, grauhaariger Nachbar an, »und Billy hier will auch mit.« Mit dem Daumen deutete er auf seinen Sohn. Auf der anderen Seite des Raumes rang dessen Mutter nach Atem.

Das Fest war trotz der Bemühungen ihres Vaters zusammengebrochen, es hatten sich zwei Lager gebildet. Mattilda verdaute traurig die Erkenntnis, daß ihr Vater nicht allmächtig war und daß der Krieg bis in ihre Familie hineinreichte. Das Fest war vorüber, schon vor dem Abendessen, noch bevor die gute Country-Musik begonnen hatte.

Paare fanden sich zusammen, machten ihre Verbeugung vor Mattildas Eltern, merkwürdigerweise gemeinsam mit ihren Freunden von der gegnerischen Seite. Noch waren sie unfähig, sich gegenseitig als Feinde zu betrachten.

Sarah umarmte Mattilda, und Jason sagte: »Du bist eine gute Tänzerin, Matt.« Die Menge bewegte sich zur Tür, mit fröhlichem Geschwätz versuchten die Leute die fürchterliche Veränderung ihres Lebens zu überdecken. Sarah und Mama fielen sich plötzlich in die Arme.

»Oh, Mama. Was geschieht mit uns?« schluchzte Sarah.

Es war wie ein Abschied für immer, und Mattilda fing an zu weinen wie ein kleines Baby.

13. Kapitel

Der Morgen war hell und klar, abgesehen von einigen kleinen Nebelbänken über tiefergelegenen Stellen, die von der Sonne aber auch bald aufgeleckt würden. Mattilda saß am Rand des Steilhanges, von wo aus sie einen guten Blick auf Jason und Elijah auf ihrem Weg zu dem Treffpunkt mit den Turners, Westfields, Bradshaws und Kemp Mullins bei der Flußgabelung haben würde. Von dort aus wollten alle zusammen nach Princeton oder auch weiter nach Norden ziehen, um eine Rekrutierungsstelle der Bundestruppen zu finden. Mulehead wartete so geduldig wie Hiob. Er war lose an einen Schößling gebunden, der so dünn und schwach war, daß er ihn mit einem einzigen Ruck leicht hätte entwurzeln können. Ihre Familie würde sie dafür ausgelacht haben, wie sie Mulehead angebunden hatte; alle hielten ihn für einen Witz von Pferd. War er aber nicht. Nur sie kannte seine Sanftmut, seine Willfähigkeit und sein sensibles Gespür für ihre Wünsche.

Mattilda war mit sich selbst im unreinen; sie war träge von der kräftigen Sonne; sie war nervös, weil sie die letzte war, die sich von Jason verabschieden würde (war das das Vorrecht der Ehefrau?); sie war voller Energie, bereit, zu Jason hinunterzubrüllen, Mulehead zu besteigen und einen neuen Pfad den Hang hinunter zu bahnen. Die Wahrheit war, sie wußte gar nicht genau, wie sie sich fühlte – eben noch war sie bekümmert über den blöden Krieg und dann in der nächsten Sekunde begeistert von dem Abenteuer, auf das sie sich eingelassen hatte.

Da. *Da!* Sie sah ihn. Nein. Dort waren drei, vier Reiter, die eilig um den Hang herum zu dem Buchenwald ritten, wo Docia und sie sich früher Puppen aus Astgabeln mit Kleidern aus Papaublättern und Sessel aus grünem Moos gemacht hatten. Ein grünes, dämmeriges Märchenland. Sie kannte den Wald gut.

Wer waren diese Männer? Sie strengte sich an, sie zu erkennen; es gelang ihr aber nicht. Sie umritten den Hang, die Schwänze der Pferde schwirrten im Takt hin und her. Dann verschwanden sie im Buchenwald.

Jetzt kam Jason, groß und aufrecht, und neben ihm Elijah, der eifrig redete und gestikulierte. Jason warf plötzlich den Kopf zurück, und einen winzigen Augenblick später hörte sie sein Lachen, von ferne und doch so nah. Elijah erzählte offenbar einen seiner berühmten Witze. Sie grinste. Erst wenn sie direkt unter dem Abhang waren, würde sie ihnen zurufen. Oh, Jasons Überraschung würde köstlich sein.

Ihr Mund hatte sich schon zum Rufen geöffnet, als die vier Reiter plötzlich aus dem Wald geschossen kamen und Jason und Elijah umringten.

Was war los? Das mußten doch seine Freunde sein, Sezessionsgegner wie er, die mit ihm nach Princeton wollten. Aber sie sah deutlich, daß die sechs Pferde einander auswichen, als hätten sie Angst vor dem, was geschehen würde. Ein Mann, der sein Kinn reckte, als ob er etwas Übelschmeckendes ausspuckte, drängte Elijah weg von Jason, und plötzlich sprang ein Seil aus seinen Händen, legte sich um Elijah, zog ihn zu Boden. Schleifte ihn!

»Nein!« hörte sie Jason rufen, während er sein Pferd dem anderen in den Weg dirigierte.

Sie sollte schreien, könnte sie vielleicht erschrecken, wenn sie merkten, daß jemand zuschaute. Eine entsetzliche Angst bemächtigte sich ihrer, und sie brachte keinen einzigen Laut heraus. Jetzt drängten sich alle vier Männer um Jason, und auch er ging zu Boden.

Die Furcht tobte in ihr wie ein wilder Vogel. Ihr Atem

stockte. Sie mußte schreien. Jasons Pferd brach aus der Gruppe aus, den Kopf hoch aufgereckt, den Schwanz aufgeworfen, es zierte sich in diesem brenzligen Augenblick wie ein Dressurpferd. Jason war nicht zu sehen, aber sie entdeckte Elijah, der wieder auf den Füßen war, das Seil von sich löste. Die vier Männer beugten sich über Jason, schlugen, schlugen auf ihn ein, die Fäuste fuhren auf und sausten nieder.

Elijah sprang plötzlich zu seinem Pferd, saß auf und war im Nu außerhalb ihrer Reichweite. Verzweifelt ritt er um die Männer herum, versuchte den tödlichen Kreis um Jason zu durchbrechen. Sofort stiegen zwei der Männer auf ihre Pferde und wandten sich Elijah zu. Der eine hob sein langschaftiges Gewehr, legte ganz ruhig auf Elijah an, als hätte er alle Zeit der Welt. Elijah stieß dem Pferd die Füße in die Seite, galoppierte auf den Schützen zu, stieß dessen Gewehr zur Seite.

Mattilda hörte den ersten Schuß, der zweite löste sie aus ihrer Erstarrung. Sie kletterte auf Mulehead, gab ihm einen scharfen Klaps, spürte, wie er erschrocken zusammenzuckte und dann abging. Sie lenkte ihn heimwärts und betete, daß zu Hause genug Männer sein würden, die Jason befreien konnten.

Während sie ritt, flüsterte sie: »Hilf ihm . . . hilf ihm.« Wie oft war sie mit Mulehead über die Wiesen und Weiden gejagt, und er war voller Wonne gerannt, ein Klaps oder ein Peitschenhieb waren nie nötig gewesen, aber dieses felsige, steile Gelände war schlüpfrig und gefährlich; deshalb zögerte er. Sie schlug ihn ohne Erbarmen. Inzwischen bekam sie wieder Luft, atmetete in vollen Zügen, die Tränen standen ihr in den Augen, rollten aber nicht die Wangen hinunter. Schließlich war sie beim Bach unten und schlug immer noch mit der Peitsche auf Mulehead ein. Von weit hinten aus der Nähe des Wäldchens kam Elijahs Pferd in mechanischem Trott, sah aus wie ein Schaukelpferd.

Los, beeil dich, Mulehead. Die Peitsche sauste herab.

Sie stieß den Riegel vom Tor auf, schob Mulehead hindurch und ließ das Tor offen. Ihre Stimme kehrte zurück, und sie fing an zu schreien. »Papa! Papa! Papa!«

Sofort waren alle da: ihr Vater, ihre Brüder, ihre Mutter, die Hilfskräfte, alle rannten auf sie zu.

»Sie bringen Jason um! Beeilt euch! Sie bringen Jason und Elijah um.«

Es schien Stunden zu dauern, bis sie Pferde und Gewehre zusammenhatten, und die ganze Zeit über beschrieb sie verzweifelt, was sie gesehen hatte, und trieb zur Eile. »Bitte. Bitte. Bitte.« Schließlich waren sie soweit. Mattilda, die immer noch auf Mulehead saß, lenkte ihn auf den Weg.

»Bleib hier, Mattilda«, rief ihr Vater. Sie hielt an und wartete, bis die Pferde mit all den grimmig schweigenden Männern, den weißen und schwarzen, vorüber waren, und dann folgte sie.

»Matt!« rief Mama. »Komm zurück!« Doch sie ritt weiter, nur noch einige Meter waren zwischen ihr und den Männern.

Sie trafen Elijah, der seltsam verrenkt auf seinem Pferd hockte, seine linke Schulter hing schlaff herunter.

Elijah, der immer so elegant war, immer lächelte, war jetzt mit Schweiß und Dreck verklebt, und ihm liefen Tränen die Wangen hinunter.

»Hat jemand eine Pistole für mich?« schrie er ihnen entgegen. »Habt ihr ein Gewehr?«

Mattilda sah, daß sein rechter Arm lose herunterhing, als wäre er halb abgerissen, und daß sein guter Anzug voller Blut war.

»Wir kriegen sie schon, Elijah. Geh nach Hause und laß dich verbinden«, sagte ihr Vater.

»Komm, Papa!« rief Joe und sauste voran.

»Mattilda.« Ihr Vater hatte sie entdeckt. »Geh nach Hause!« Und weiter ging's. Mattilda hinterher.

Der Buchenwald war still und heiter. Keine Spur von den vier Reitern oder von Jason, nur sein Pferd graste im Licht eines Sonnenstrahls, hatte dabei den Nacken so zart geneigt, als wollte es mit Absicht schön aussehen. »Jason!« riefen die Männer. »Jason!«

Mattilda, durch das Gestrüpp vor ihrem Vater verborgen, suchte von Unruhe getrieben nach Jason. Sie fand ihn.

Jason schien noch größer als gewöhnlich, mit weit aufgerissenen Augen starrte er sie an, sein Mund stand offen, als wollte er jeden Moment etwas sagen, sein Arm war ausgestreckt, im Ärmel steckte ein Blatt Papier.

»Jason?« fragte sie verwirrt und nahm den Zettel.

Langsam, ganz langsam, ohne den Boden zu berühren, pendelte Jason von ihr weg, starrte in eine andere Richtung, als ob er nun zu jemand anderem sprechen wollte. VERRÄTER stand auf dem Zettel.

Die Füße nicht am Boden! Der Schrei, den Mattilda zuvor so dringend gebraucht hätte, drängte aus ihr heraus. Er kam erst schubweise, keuchend, dann quietschend wie der Laut eines kleinen Kaninchens, das in die Falle geraten war, und endlich aus voller Kehle. Sogar als Papas Arme sie fest und sicher hielten, schrie sie und schrie.

14. Kapitel

Sosehr sie sich auch bemühte – Mattilda konnte sich nicht an den Namen des Mannes erinnern. Sie mußte sich sputen, das wußte sie. Sie hielt den Krieg auf, weil ihre Brüder darauf warteten, daß ihr eigener kleiner Krieg zu Hause vorüber war, bevor sie davonritten.

»Geh jetzt ins Bett, mein Schatz«, sagte Papa. »Das eilt nicht. Morgen ist noch genug Zeit.«

Sie gab ihren Eltern einen Gutenachtkuß, ging durch das Wohnzimmer, versuchte, an den dunklen Fenstern nahe der Treppe vorbeizuhuschen. Ein heftiges Zittern kroch ihre Wirbelsäule hinauf, sie konnte nicht an den Fenstern vorbeigehen. »Bitte«, sagte sie zu ihren Eltern, »laßt die Rollos runter.« Eine unsinnige Furcht hatte sie gepackt. Sie wußte noch nicht einmal, wovor sie Angst hatte, außer daß es ein unerklärliches Entsetzen war. Vielleicht würde das Gesicht eines toten Mannes am Fenster auftauchen und sie anstarren.

Ohne ein Wort zu sagen, ging ihre Mutter zu den Fenstern und ließ die Rollos hinunter, Holz ratterte über Holz, die Läden rasteten mit einem guten, sicheren Schnappen ein.

15. Kapitel

Die Fragen ihres Vaters waren freundlich, aber unablässig. »Wie sah er aus, mein Schatz?«

»Weißt du«, sagte Mattilda, »er macht immer so.« Sie reckte ihr Kinn heraus. Die Augen ihres Vaters blieben verständnislos.

»Aber nicht so wie ich«, sagte sie. Immer noch verstand er sie nicht.

»Er hat mir das Frühlingsfest kaputtgemacht«, versuchte sie es erneut.

Jetzt hatte sie es getroffen. Papas Augen blitzten auf.

»Beard«, sagte er langsam. »Ray Beard.«

Er stand auf und wollte sich sofort auf den Weg machen. »Also Beard und Carter und Tubbs«, sagte er zu seiner Frau. »Vielleicht war Knight der vierte Mann.«

»Bland senior, überlaß die Sache der Justiz, hörst du?« rief ihm seine Frau hinterher, als er davonging.

Erstaunt schaute er noch einmal durch die Tür. »Natürlich. Du glaubst doch wohl nicht etwa, wir würden sie lynchen?«

16. Kapitel

Mattilda träumte und schlief, mochte sich weder erinnern noch in die Zukunft schauen. Vor allem sehnte sie sich nach Sarah, aber Sarah würde nicht nach Hause kommen, hatte ihr Mama bekümmert erzählt. Aber Sarah war mit ihrem ersten Kind schwanger. Sie *mußte* nach Hause kommen.

Das paßte überhaupt nicht zu Sarah, die immer so liebevoll und versöhnlich war, doch Jasons Tod, den Virginia-Anhänger verschuldet hatten, konnte sie nicht verzeihen. Genausowenig konnte sie allen anderen Anhängern von Virginia vergeben, und das schloß auch ihre gesamte Familie ein, außer Bland junior, der in maßlosem Zorn über den Lynchmord an Jason die Fronten gewechselt hatte. Er würde nach Norden gehen, sobald die Mörder von Jason festgenommen worden wären.

Der Krieg war nicht so, wie ihn Mattilda sich vorgestellt hatte. Sondern nur brutal und grausam. Nachbar gegen Nachbar, Bruder gegen Bruder. Keine Reihe wohlerzogener Männer, die mit einer anderen Reihe wohlerzogener Männer Schüsse austauschten, wobei jeder von ihnen ein Tuch seiner Lady auf die Brust geheftet hatte und niemand fiel. Niemand starb. Dieser schreckliche Krieg war dunkel und geheimnisvoll, der unbewaffnete, freigelassene Männer ermordete. Aus einer Vergangenheit von Hunderten von Jahren schien Lucas' Musik leise auf dem Amboß zu erklingen.

Diese grausamen Krieger hängten Männer, noch bevor sie Soldaten geworden waren. Sie schauderte bei der Erinnerung, wie Jason ihr langsam den Rücken zuwandte.

Sie konnte keinem Gedanken länger als zwei Minuten nachgehen. Zuviel war geschehen, hatte ihren Verstand in kleine Spiegelscherben zersplittert, in denen sich sämtliche Einzelheiten widerspiegelten, die sie nicht sehen wollte.

Wer hatte in diesem Krieg recht? Was sollte sie glauben? Sie wünschte, der Krieg wäre aus und vorbei.

Sie wünschte, sie hätte losgeschrien. Vielleicht wäre Jason dann noch am Leben.

Sie wünschte, Sarah würde nach Hause kommen.

17. Kapitel

Längst war eine angemessene Zeit verstrichen, doch sie warteten immer noch vergeblich darauf, daß Sarah ihnen die Pläne für die Beerdigung mitteilte.

Mattilda ertrug das Warten nicht. Sie wollte mit der Sache fertig werden, wollte sich aus der Furcht und der Qual befreien und wieder anfangen zu leben. Brauchte Sarah.

Sie strich leise durchs Haus, vermied den ständigen Strom der Gäste, denen es peinlich zu sein schien, daß eine Familie in einer Zeit auseinanderbrach, in der sie zusammenhalten sollte.

Hinter den ernsthaften Gesprächen verbarg sich eine gespannte Aufregung, denn in jedem Moment wurde die Nachricht erwartet, daß der Erlaß über die Sezession ratifiziert wurde. Mattilda verstand durchaus, was das bedeutete. Virginia würde ein selbständiger Staat sein, getrennt von den Vereinigten Staaten, so wie Docia es ihr gesagt hatte.

Von ihrem Zimmer aus hörte sie Grandpa Hume, den Vater ihrer Mutter. Oh, gut. Er ließ sich endlos aus über Virginia und die Sezession. Sie hörte die schnellen, ungeduldigen Fragen ihres Vaters, hörte die hohen, besorgten Stimmen der Frauen. Was würde das bedeuten? schienen ihre Stimmen zu sagen, obwohl Mattilda die Worte nicht verstehen konnte.

Sie wartete darauf, daß Grandpa Hume nach oben kam, wußte, daß er kommen würde, denn sie verstanden sich gut.

Es dauerte nicht lange. Ein kurzes Klopfen, ein paar schnelle Schritte auf sie zu, Arme schlossen sich so eng um sie, daß ihr sein guter Honig-Tabak-Woll-Geruch in die Nase stieg. Sie hängte sich wortlos an seinen Hals.

Grandpa Hume war größer als Michael oder Joe, sein weißes Jaar reichte bis zu seinem Kragen, sein weißer Bart bis auf die Brust, seine blauen Augen lagen im Schatten von buschigen weißen Augenbrauen. Er war der einzige Großvater, der so aussah, wie Großväter auszusehen hatten.

»Wir werden uns lossagen?« sagte sie.

»Ja.« Er trat zurück und warf ihr einen traurigen Blick zu. »Virginia bereitet sich darauf vor, sich von der Union abzuspalten; das ganze Land wird sich spalten.«

Wie Sarah und ihre Familie. Mattilda fing an zu zittern. Jason, Sarah, Virginia, das Land. Sie hatte keinen festen Standort mehr. Sie spürte, wie ihr die Tränen kamen und die verwirrten Worte herausbrachen, die sie bis dahin zurückgehalten hatte.

»Was können wir tun, Grandpa Hume? In was für einem Land werde ich leben? Und wo wird Sarah sein?«

»Das wissen wir noch nicht. Dieses Haus hier könnte genau auf der Grenze liegen, die das Land spalten wird. Oder vielleicht wird Sarah im nördlichen Teil sein und wir im Süden. Oder es könnte sein, daß dieses Haus im Norden liegt und meines im Süden.«

Sie brach in Tränen aus und fühlte sich kalt und steif, bis auf die Hand, die er festhielt.

»Es ist, als ob die Welt auseinanderbricht, Grandpa Hume. Sag mir, wie ich leben soll«, bat sie.

»Ich sag dir eins, mein Liebes, so ist das Leben – erst ein Aufbauen und dann ein Schwinden. Manchmal geht das ganz schnell, wie jetzt mit dem Tod von Jason und der Trennung von Sarah. Man kann versuchen, das Schwinden in den Griff zu kriegen, es zu bremsen, um es besser ertragen zu können.«

Sie weinte weiter, unfähig, seine Worte zu begreifen.

»Laß uns rausgehen, da können wir besser denken.«

Hand in Hand gingen sie durch die vielen Leute, die zu Besuch waren und sie alle anstarrten. Sie konnte deren Gedanken lesen. Da ist Mattilda, das arme kleine Ding. Sie hat Jason gefunden. Und jetzt hat Sarah sie allein gelassen, und sie wird damit nicht fertig. Armes kleines Ding.

Eine Minute lang gefiel ihr diese Aufmerksamkeit sogar. Aber es ist ja wahr, durchfuhr es sie plötzlich, und ihr Mund verzog sich zu einem häßlichen Weinen.

Grandpa ging mit ihr zu der großen Pappel. »Fühl mal diese Rinde, Mattie«, sagte er.

Sie preßte ihre Hand dagegen.

»Ist das nicht eine rauhe, ganz und gar wirkliche Sache?« sagte er triumphierend.

»Ja.«

Worauf wollte er hinaus?

»Wann immer du das Gefühl hast, daß dir alles entgleitet und du selbst im Schwinden begriffen bist, dann geh hier hinaus und berühre den Baum und denke daran: Der Baum ist immer noch da. Er lebt. Und ich werde auch leben.«

»Und wenn ein Blitz in ihn einschlägt?«

»Dann trauerst du eine vernünftige Zeit lang. Und wirst einen anderen Baum finden. Oder einen Grashalm.«

Sie berührte den Baum noch einmal. Es stimmte. In der Härte lag eine Art Zauber. Der öffnete etwas in ihr, ließ sie aufschauen und entdecken, daß der graue, neblige Tag seine eigene, besondere Schönheit hatte. Sie atmete tief und sog den Tag mit ein.

Sie hielt Grandpa Humes Hand und bewunderte ihre kräftige Wirklichkeit. Wenn die Pappel oder ein Grashalm versagten, dann wäre da immer noch Grandpa Humes Hand.

18. Kapitel

Es war spät am Abend und kühl genug für ein Kaminfeuer im Wohnzimmer. Bland senior zog erschöpft die Stiefel von den Füßen und stellte sie vorläufig an den Kamin.

»Ich war beim Gericht, beziehungsweise bei dem, was davon noch übrig ist, und ich war bei Sarah, aber beide Male hatte ich kein Glück. Richter Stinson hat mir gesagt, daß jetzt überhaupt nichts getan werden könnte. Die Justiz ist zusammengebrochen. Alle gehen zur Armee, einige in den Norden, die meisten in den Süden. Keiner hat die Absicht, die Männer zu verfolgen, außer mir und unseren Söhnen. Und selbst wenn wir sie kriegen, dann ist niemand da, dem wir sie aushändigen könnten. Der Richter sagt, wir sollen warten, bis der Krieg vorbei ist. Er sagt, das würde etwa in sechs bis acht Monaten sein.«

Mamas Gesicht war aschfahl. »Was ist mit Sarah?«

Papa blinzelte, um die plötzlich aufsteigenden Tränen zu verstecken. »Sie wollte mich nicht sehen. Ein Ehepaar, ihre Nachbarn, begrüßte mich auf der Veranda von Sarahs Haus. Es täte ihnen leid, aber Sarah könnte es nicht ertragen, uns zu sehen. Sie wollte uns nicht sehen, solange wir uns mit Jasons Mördern gemein machten.« Er rieb sich wild die Augen. »Wie kann Sarah so etwas denken?«

»Hast du wegen Jasons Beerdigung gefragt? Vielleicht könnten wir da . . .«

»Die hat schon stattgefunden.«

»Sie haben ihn beerdigt, ohne uns Bescheid zu sagen?« Der Schock überdeckte Mamas Trauer. Er nickte, und sie war für eine Weile sprachlos.

»Weiß sie, daß Bland junior zu den Bundestruppen geht?«

»Ja. Er ist auf dem Weg dorthin bei ihr vorbeigekommen, und sie hat ihn reingelassen.«

»Oh, ihn hat sie sehen wollen?«

»Ja. Er ist auf Jasons Seite.«

»Wo sind Ray Beard und Bert Carter und Worth Tubbs? Sarah hat recht. Es ist eine Schande für das Land, daß sie davonkommen konnten.«

»Sie sind weiter südlich, in einer Armee des Südens.«

»Als Helden«, sagte sie. »Haben den Mann unserer Tochter getötet und gehen als Helden zur Armee.«

Bland senior machte eine hilflose Bewegung. »Sie sind nicht repräsentativ für die Konföderierte Armee. Das sind Abtrünnige. Wir können nichts machen, Dorothy. Wir müssen den Krieg abwarten und ihnen dann die Justiz auf den Hals hetzen. Dann wird Sarah nach Hause kommen.«

»Den Krieg abwarten? Komm doch mal zur Besinnung, Bland. Der Krieg kann Jahre dauern.«

Ihr Vater antwortete nicht, aber sein unsicherer Blick teilte Mattilda mit, daß auch er sich fürchtete und daß er keineswegs die ganze Welt im Griff hatte, wie Mattilda bisher geglaubt hatte.

19. Kapitel

Juli 1861

Ihre Eltern hatten einen lauten Streit. Das war noch nie dagewesen, etwas Ungeheuerliches. Ihr Vater hatte sich entschieden, in den Krieg zu ziehen; ein Gedanke, der Mattilda Furcht einjagte.

»Es ist eine Frage des Prinzips. Es wäre feige, nicht zu kämpfen«, wiederholte er immer wieder im Brustton reiner Vernunft, der ihre Mutter immer so wütend machte. Er machte auch Mattilda wütend, obwohl sie nicht sagen konnte, warum.

»Aber wie kannst du es rechtfertigen, für den Erhalt der Sklaverei zu kämpfen?« gab ihre Mutter mit angespannter

Stimme zurück. »Hast du die Absicht, Sklaverei aufrechtzuerhalten, obwohl wir unsere eigenen Sklaven freigelassen haben?«

»Nein«, sagte Papa. Er klang so, als ob ihm die Argumente ausgegangen wären und er kurz davor war, wütend zu werden. »Das ist eine Frage von Feigheit oder nicht. Ist dir denn nicht klar, daß wir die Erde von Virginia verteidigen müssen, weil unser Land, bei Gott, besetzt zu werden droht?«

Jetzt brüllte er.

»Wir müssen unsere Rechte und unsere Freiheiten als freie Menschen verteidigen. Mein Großvater, unsere beiden Großväter, haben für diese Freiheit gekämpft.«

»Aber dieser Kampf geht um die Freiheit von Menschen wie Luella und Docia, nicht um die Freiheit von Virginia!« heizte ihre Mutter die Debatte an.

»Es geht nicht darum, die Sklaverei fortzusetzen«, tobte Papa. »Hier in der Gegend gibt es sowieso nicht mehr viele Sklaven. Das weißt du, Dorothy. Der Punkt gilt nicht. Du bist unfair, wenn du das mit einbeziehst. Es geht hier um meine Ehre, und bevor ich es mit ansehe, wie ein Trupp Soldaten vom Norden her diese Straße entlangmarschiert kommt und uns und unser Land schädigt, werde ich kämpfen.«

»Natürlich wirst du das, wenn sie hierherkommen. Und ich werde an deiner Seite sein und Steine werfen. Aber deshalb mußt du doch nicht in den Krieg an irgendwelche fremden Orte ziehen.« Die Stimme ihrer Mutter brach. Sie denkt an die Jungen, dachte Mattilda. Die Stimmen wurden leiser, verstummten.

Mattilda löste ihr Ohr von der Wand und schaute durch das Seitenfenster hinaus nach Südwesten zum Friedhof und den Hügeln dahinter, die bis zum Waldrand mit Weizen und Mais und Gras bedeckt waren. So still und friedlich und unerschütterlich – es war unmöglich zu glauben, daß wirklich ein tödlicher Krieg tobte.

»Und was ist mit Bland junior?« fing die Mutter wieder

an. »Wirst du mit deinem Gewehr auf seinen Kopf zielen, wenn er kommt?«

»Nein, Dorothy, du weißt, daß ich das nicht tun werde. Bland junior hat seine Meinung und ich meine. Und du als meine Frau solltest dieselbe Stellung beziehen wie ich.«

Mattilda grinste bei dem wütenden »Hah!« ihrer Mutter, das ein bißchen die Furcht schmälerte, die ihr dieser Streit eingejagt hatte. Und sie mußte sogar vor Vergnügen in die Hände klatschen, als ihre Mutter plötzlich mit einem Satz den Streit zu ihren Gunsten entschied. »Bland senior, du lieber, alter Idiot. Ohne dich kann ich nicht leben.«

Darauf folgte ein liebevolles Gemurmel und dann Stille.

20. Kapitel

»Ob wir je etwas von Bland junior hören?« fragte Mattilda. »Wenn er auf ihrer Seite ist, wie können wir da einen Brief bekommen?«

»Wir müssen warten, bis uns ein freundlicher Anhänger der Union einen Brief überbringt«, sagte ihre Mutter.

»Wie kann er freundlich sein und ein Anhänger der Union?« fragte ihr Bruder Bill in seiner merkwürdig schwankenden Stimmlage, woraufhin ihm Mattilda im Namen von Jason und Sarah und Bland junior und Docia wütend mit der Faust in den Magen schlug. Vielleicht sogar auch in ihrem eigenen Namen – sie war sich nicht sicher. Daraufhin packte er sie an ihrem langen Pferdeschwanz, drehte ihren Kopf herum und wollte ihr gerade eine Ohrfeige verpassen, als Papa ihm in den Arm fiel.

»Das reicht, mein Sohn.«

Mattilda brannte vor Wut. Neuerdings gerieten sie alle in kleine Streitereien; das hatte es früher nie gegeben.

21. Kapitel

September 1861

Mattilda und Docia ritten auf Mulehead hinunter zum Mühlendamm am New Creek, um Post zu holen. Bestimmt, ganz bestimmt würde dort ein Brief von einem der Jungen sein. Oder vielleicht eine Nachricht von Sarah, in der stand, sie sollten sie abholen, weil sie nach Hause wollte.

Der Krieg war unwirklich und weit entfernt, und Mattilda glaubte nicht so recht daran. Und trotzdem hatte sich seinetwegen ihr ganzes Leben verändert.

Seit fünf Monaten hatte sie Sarah nicht gesehen, und dieser Verlust quälte sie genauso wie Jasons Tod. Vielleicht war Sarahs Baby schon geboren? Oder womöglich war Sarah tot, und niemand hatte es ihr gesagt?

Docia war verändert, war seit Lucas' Tod still und seltsam. Sie ließ sich hängen. Und trotzdem konnte Mattilda mit Docia reden wie mit keinem aus ihrer Familie. »Reg jetzt deine Mama nicht auf«, sagte ihr Vater andauernd. »Sie hat zu viele Sorgen.«

Das trieb Mattilda aus dem Haus und in Luellas Küche, wo ihre Ängste von der ruhigen Gleichmäßigkeit der Umgebung verscheucht wurden: immer dieselben Bilder an den Holzbohlen, immer derselbe starke Seifengeruch, derselbe blankgescheuerte Tisch, dieselben freundlichen Gesichter. Es war ein Ort, an dem sie Trost fand, und Luella hieß sie immer willkommen.

Heute war es windstill und kalt, eher wie im November als wie im September, und der Himmel sah aus, als würde es gleich etwas geben. Mattilda war froh über die Wärme von Mulehead unter ihr und von Docia hinter ihr.

Sie kamen zu den Bienenamberbäumen, die Lucas und Joe in den vergangenen Jahren so sorgfältig zwischen einem Kleefeld und einem Erikawäldchen gepflanzt hatten. Einige rauhe Stämme der Amberbäume lagen am Boden, die Waben waren leicht zugänglich. Erst war es für Joe und Lucas ein Sport gewesen, den wilden Honig zu sammeln, dann war die Ernte wichtig für die ganze Farm geworden, aber jetzt kümmerte sich keiner mehr um die Amberbäume.

»Komm, wir halten mal an«, sagte Mattilda. Die beiden rutschten von Mulehead herunter, wobei Docia versehentlich auf einen der Baumstämme trat. Mattilda lachte, hielt sich aber sofort zur Flucht bereit, falls die Bienen ausschwärmen würden. Aber von den Nestern in den Baumstämmen drohte keine Gefahr, in der Kälte bewegten sich die Bienen kaum.

»Wir könnten den Job hier übernehmen«, schlug Mattilda vor, die die Sache sehr reizte. »Ich wette, hier gibt's tonnenweise Honig.«

»Was meinst du damit, den Job übernehmen?« fragte Docia interessiert.

»Die Bienenstöcke plündern. Die Bienen füttern. Was man so mit Bienen macht. Wir können lernen, wie das geht.«

»Warum sollen wir das machen? Wir werden ja doch bloß totgestochen.« Docia wollte nicht unbedingt widersprechen, sie war vor allem neugierig.

»Na ja, wir müssen doch arbeiten. Das weißt du doch. Und wo werden sie uns arbeiten lassen? Im Haus. Und da werden wir bloß angebrüllt, alles schneller und besser und überhaupt richtig zu machen.«

»Das ist wirklich mal was, Matt«, stimmte Docia zu. »Dein Daddy hat keine Zeit, sich um die Bienen zu kümmern. Wir halten auf dem Rückweg an, sammeln ein bißchen Honig ein. Zeigen ihnen, was wir können.«

»Und wo tun wir den Honig rein?«

»In Papaublätter«, schlug Docia vor. Mattilda nickte, und sie ritten weiter.

Mattilda kam sehr gerne zum Mühlendamm. Dort trafen sich die Leute, und dorthin kamen die Kriegsnachrichten als erstes. Vielleicht könnte sie erfahren, was mit Michael, Joe oder Bland junior geschah. Ihre Briefe würden dorthin kommen.

Bis jetzt hatte es noch keinen einzigen Brief gegeben. Obwohl jeder, der mit einem Virginiaregiment loszog, Briefe für die Jungen mitnahm. Daß es sehr lange dauern würde, bis sie etwas von Bland junior hörten, der irgendwo bei den Bundestruppen war, wußten alle, denn zwischen Nord- und Südvirginia waren die Verbindungen unterbrochen.

Sie kamen an der Schule vorbei, die geschlossen war. Sie wirkte traurig, trotz ihrer stabilen Konstruktion; die Baumstämme lagen noch so dicht aufeinander wie an dem Tag, an dem die Schule gebaut worden war. »Das beste Schulgebäude im Umkreis von fünfzig Meilen«, hatte ihr Vater geprahlt, genau wie er damals die neue Küche gerühmt hatte, die sie von außen an ihr Haus angebaut hatten, wonach dann die alte Küche die Innenküche genannt wurde. »Das beste Haus im Umkreis von fünfzig Meilen.« Und Mattilda nahm an, daß er recht hatte. Sie jedenfalls hatte noch kein schöneres Haus gesehen, abgesehen von dem Haus des Großonkels Michael, mit den großen Säulen am Eingang. Dagegen sah das Gerichtsgebäude kümmerlich aus. Aber ihre Eltern hatten für jenes Haus nichts übrig, denn es war mit Sklavenarbeit errichtet worden. (Luxus auf Kosten von Sklaven galt als verächtlich, sogar bei den wenigen, die Sklaven besaßen.)

Das Schulhaus lag so sonderbar einsam da, obwohl es um diese Zeit eigentlich zum Leben erwachen sollte; dort sollten jetzt Kinder sein, die unter der strengen Aufsicht von Sarah und Marjorie schrubbten und fegten. Meilenweit kamen die Kinder auf Pferderücken zu dieser Schule. Bei dem Gedanken daran bemerkte Mattilda, daß sie einen wichtigen Ort verloren hatte, an dem sie glücklich gewesen war.

»Sie haben die Schule gleich nach Kriegsbeginn aufgegeben«, sagte sie. »Die alten Leute und die Frauen kümmern sich um die Farmen, und die jungen Männer kümmern sich um den Krieg. Und keiner ist mehr da, der sich um die Kinder kümmern kann.«

Docia grunzte zustimmend. »Und gerade als ich anfing, einigermaßen gut zu lesen. Wenn mir vor einem Jahr irgend jemand gesagt hätte, die Schule macht dicht, hätte ich gesagt: wunderbar, gute Nachrichten, schön, das zu hören, und so weiter.«

Gelegentlich wies Dorothy Repass, die sonst mit ihren vielfältigen zusätzlichen Arbeiten mehr als ausgelastet war, Mattilda an, sich mit ihrem Lese-, Rechtschreib- und Rechenbuch zu beschäftigen. Manchmal hatte sich Mattilda zusammen mit Docia darangesetzt, aber meist hatte sie mehr Mühe auf die Kritzeleien ihrer älteren Geschwister in den Büchern verwendet als auf die eigentlichen Lektionen. Denn viel interessanter war, wer wen liebte, wer die kleinen Teufel mit den gespaltenen Schwänzen gemalt und ob der Künstler oder die Künstlerin dafür eine Tracht Prügel bezogen hatte. Und wer hatte so sorgfältig all die kleinen, erläuternden Absätze neben die schwierigen Lektionen geschrieben? Bestimmt Sarah, wettete Mattilda für sich. Aber sie war an einem toten Punkt. Sie hatte all die Bücher durchgelesen, wobei sie die Fragen ausgelassen und die Rechenaufgaben ignoriert hatte.

Egal. In der Schule lernte man nichts über Bienenhaltung. Oder wie man einen Hecht fing.

Am Mühlendamm konnte man gut angeln, deshalb hatten sie ihre Angelschnüre und Haken und eine Schachtel mit Würmern mitgenommen. Man hatte ihnen erlaubt, daß sie angeln durften, während sie auf das Mehl warteten. Fisch würde eine willkommene Abwechslung sein. Einmal hatte Mattilda einen wunderschönen langen, schlanken Hecht mit nach Hause gebracht. »Erstaunlich«, hatte ihr Vater zu ihr gesagt. Der Hecht hatte für eine ganze Mahlzeit gereicht. Ein anderes Mal hatte sie einen riesiggroßen Wels mitgebracht, den Luella in einer Soße gebacken hatte. Das Fleisch war weiß und köstlich gewesen. Sogar Bill hatte den Fang zu schätzen gewußt.

Meist gingen allerdings die Schildkröten an die Köder und Haken. »Fangt sie, bringt sie nach Hause. Schildkrötenfleisch schmeckt gut«, hatte Luella den beiden Mädchen gesagt. Aber Mattilda konnte es nicht mit ansehen, wie Schildkröten ihre Augen aufschlugen und sie flehend wie Hundebabys anguckten. Dann biß sie die Zähne zusammen und zog den Haken heraus, es sei denn, die Schildkröte hatte ihn verschluckt, dann schnitt sie die Schnur durch. Sie ließ immer alle Schildkröten frei.

Der geduldige Mulehead trug nicht nur die beiden Mädchen, sondern zog auch noch den Wagen mit dem getrockneten, ausgehülsten Mais, der gemahlen werden sollte. Geld war dazu nicht nötig, denn Newt Jackson, der Müller, erhielt als Lohn einen Teil des Mehles, das er dann verkaufte. Sie würden nicht sehr lange zu warten brauchen, gerade so lange, daß sich das Angeln lohnte. Mattilda liebte das Rauschen des Wassers über den Damm und die sanfte Flußbiegung dahinter. Sie erinnerte sich an warme Sommernachmittage, als sie dort mit ihren Brüdern und Schwestern schwimmen war.

Wo war dieses Leben nur so plötzlich geblieben? Sie war den ganzen Sommer lang nicht schwimmen gewesen, und jetzt hatte sie außer Bill keinen Bruder mehr im Haus.

Die Mühle lag an einer Kurve an der tiefstgelegenen Stelle der Straße, die nach Nordwesten über den Berg zu Sarahs Haus führte, und deswegen erinnerte der Weg zur Mühle an früher, an die aufregenden Besuche bei Sarah. Die Mühle war groß, ein Teil war vier Stockwerke, der andere zwei Stockwerke hoch. Sie war alt und grau verwittert. Am Flußufer wurde das große Rad von dem schnellfließenden Wasser in Bewegung gesetzt und trieb das Mahlwerk an; das war wunderschön anzuschauen. Und es waren *Leute* dort: die Männer auf der Veranda und die Frauen in ihren Wagen.

Es war ein Brief von Michael da. Der erste! Sah nicht aus wie ein normaler Brief, sondern war auf braunes Papier gekritzelt und mit einer Schnur zusammengebunden.

Michaels Handschrift berührte sie heftig. So etwas geschah ihr sehr häufig, es gab viele Dinge, die Erinnerungen bei ihr aufwühlten – der Verlust von Sarah, der Verlust ihrer drei älteren Brüder, die stürmische Angst, als ihr Vater damals im Mai losritt, um für die Sezession zu stimmen, so wie alle anderen in der Gemeinde, bis auf sieben, bei denen sich alle fragten, wer die wohl waren. Jason nicht, denn der war tot. Bland junior nicht, denn der war im Krieg, und auch keiner der anderen Männer, die sich offen für den Norden ausgesprochen hatten, denn die waren alle mit Bland junior gegangen. Südlich von ihnen, über den Berg im Old Place, war jeder voll und ganz für die Sezession. Im nächsten Monat, am vierten Donnerstag, würde ein Referendum stattfinden, in dem es darum ging, den Staat in zwei Teile zu spalten, und die Argumente dafür und dagegen drohten Mattildas Kopf zu zersprengen.

Sie versuchte sich zu entscheiden, ob sie es wagen durfte, Michaels Brief zu öffnen, aber auf der Veranda der Mühle lenkte sie Newt Jackson ab, der so begeistert ausspuckte, als ob die Spucke gutes Geld wert wäre, und selbstsicher meinte: »Aber wir werden doch nicht den Staat spalten!« Seine Augen quollen ihm vor Erstaunen fast aus dem Kopf. Der neue Staat sollte Kanawha heißen, genau wie es Docia vor drei langen Monaten schon vorausgesagt hatte, aber Newt Jackson sagte: »Das wird sich alles legen. Du wirst schon sehen, der ganze Krieg wird sich legen, wenn die Leute anfangen, darüber nachzudenken, was sie da eigentlich machen.« Verrückter, glupschäugiger Trottel.

»Wird er nicht. Das sag ich dir«, sagte ein Mann.

Es war ihr egal, ob Michaels Brief an ihre Eltern adressiert war, entschied Mattilda. Sie saß mit Docia am trockenen Rand des Mühlendamms und löste die Schnur von dem Brief.

»Liebste Mutter, lieber Vater, liebe Familie!« stand in dem Brief. Damit bin ich auch gemeint, also ist es in Ordnung, wenn ich den Brief lese, dachte Mattilda. Sie zitterte bei dem Gedanken, daß sie gleich wissen würde, wie es Michael und auch Joe ging, den beiden langen, großen, dünnen Soldaten, der eine blond, der andere dunkelhaarig, die

in ihrer Vorstellung für immer zusammen marschieren würden.

»Sonntag, der 8. September«, schrieb Michael. *»Ich habe den Tag mit Lesen und Schreiben verbracht.«* (Wen interessiert denn das, dachte Mattilda. Was ist denn passiert? Er schreibt, als hätte er bereits hundertmal geschrieben.) *»Es hat den ganzen Tag lang geregnet. Am frühen Abend haben Joe Laughlin und andere die Kompanie verlassen und sind zu General Wise aufgebrochen. Es ist immer noch nicht entschieden, wer wir sind, wo wir sein werden und wozu wir gehören. Bis jetzt ist noch niemand neu in die Kompanie aufgenommen worden.«* (Das will ich auch nicht gehofft haben, dachte Mattilda, denn sie erinnerte sich noch gut an die Menge von Männern und Pferden, die an dem Tag, als sie die Kompanie gründeten, den Rasen vor dem Haus ruiniert hatten.) *»Es ist ein Haufen von tapferen, guten, freundlichen Männern. Wir haben drei Hauptleute, sechs Leutnants, drei Feldwebel und zwei Obergefreite, dann die einfachen Soldaten, ungefähr 120 Mann im ganzen oder vielleicht 119, denn wenn sie uns zählen, dann rufen sie bei M ›Michael, Repass?‹, und wenn sie zum R kommen, dann sagen sie ›Repass, Michael?‹, und ich rufe ›Hier‹ beim ersten- und ›Jawohl‹ beim zweitenmal.«*

Mattilda und Docia lachten.

»Also werde ich zweimal gezählt. Aber jetzt, wo ich das aufgeschrieben habe, wird mir klar, wie kindisch das ist, und ich werde es nicht mehr tun.«

Mattilda kämpfte sich langsam durch den Brief, fragte mitunter Docia um Rat, wenn sie ein Wort nicht entziffern konnte.

»Ich weiß immer noch nicht, wohin wir gehen werden oder was geschehen wird, außer, daß wir die Bundestruppen daran hindern sollen, sich frei von Ost nach West zu bewegen.

Dienstag, der 10. Wir haben Befehle von General Floyd. Darüber sind alle ein wenig aufgebracht, weil wir immer noch Gouverneur Wise bewundern. Joe ist zu den Rangers gegangen, und er fehlt mir sehr.«

Mattilda hörte auf zu lesen und sagte erstaunt: »Die Zwillinge haben sich getrennt.«

»Wir haben Übungen gemacht und versucht, uns zu säubern, aber schlammverschmierte Stiefel nehmen keine Schuhcreme an.

Mittwoch, der 11. Wir sind zu General Floyd aufgebrochen. Mußten Jones und Freemann mit Masern in Lewisburg lassen, schwer krank.«

»Lewisburg!« rief Mattilda. »Das ist ja überhaupt nicht weit!«

»Wir haben ein N. C. Regiment übernommen, und diese Kerle sahen mächtig heruntergekommen aus, schlimmer als wir. Viele Männer sind krank. Wir bekamen die Nachricht, daß Jones gestorben ist. An Masern.

Freitag, der 13. Matt, macht Dir dieses Datum Angst?«

Mattilda freute sich, persönlich von Michael angesprochen zu werden.

»Einige Männer wurden zurückgeschickt, und einige blieben die ganze Nacht bei Floyds 57stem Regiment. Immer noch keine Nachricht von zu Hause. Wir verstehen nicht, warum Ihr nicht schreibt.«

»Aber wir haben doch geschrieben!« rief Mattilda.

»Sonnabend, der 14. In der letzten Nacht haben wir uns auf die Höhe des Big Sewell-Gebirges zurückgezogen. Ich kann die schweren Geschütze hören, und mir ist klar, daß der Feind besser ernährt sein muß, um die Kraft zu haben, diese Geschütze bewegen zu können, oder vielleicht haben sie mehr Maultiere. Wir hatten eine Auseinandersetzung mit der Grayson-Kompanie und sind mit einigen der Männer sehr gut bekannt geworden. Besonders mit Dikkey, einem sehr schlauen Burschen. Haben Männer von einer anderen New Place-Kompanie getroffen.«

Wo, Michael? Sag ihre Namen. Erzähl mir wenigstens etwas.

»Ich schicke dies zur Mühle, weil ich weiß, daß Ihr dort nachfragen werdet. Jake Barns nimmt den Brief mit, er ist krank und geht nach Hause.

Viel Liebe und die herzlichsten Grüße von Eurem Sohn und Bruder. Michael Repass, Soldat.«

Aber warum hatte er nichts über die Kämpfe erwähnt? Hatte er schon Yankees getötet? Was war los? Michael hatte bei ihr mehr Fragen ausgelöst, als er Antworten gegeben hatte. Dieser Krieg brachte einfach überhaupt nichts.

Mattilda und Docia bekamen ihr Maismehl und machten sich auf den Weg nach Hause, denn ihnen war klar, daß ein Brief von Michael willkommener war als ein ganzes Netz voller Fische, auch wenn er überhaupt nichts erzählt hatte, außer daß Joe zu den Rangers gegangen war.

Zögernd ritten sie an den Bienenamberbäumen vorbei.

»Wir kommen morgen wieder«, sagte Docia. »Wir nehmen so viele Töpfe mit, wie wir tragen können, und dann bringen wir jede Menge Honig mit nach Hause. Die werden sich umgucken.«

22. Kapitel

Bland senior studierte die Kriegskarten, ungeachtet der gestrigen Nachricht, daß Sarah einen Jungen geboren hatte. Und auch unberührt von den stillen Tränen seiner Frau, die weinte, weil sie ihren ersten Enkel nicht sehen konnte.

Auch Bills Drängen beeindruckte ihn heute nicht. Genausowenig wie Abrams gespannter Blick. Oder Mattildas Verwunderung darüber, daß er die Farm so vernachlässigte.

Bill bestürmte ihn. »Papa, was sollen wir tun? Sag doch was!«

Ihr Vater war so vertieft, daß die Fragen an ihm abprallten wie an einer Wand. »Also gut«, sagte er. »Was wollt ihr denn?« Ihr unterbrecht mich bei meiner Arbeit, sagte sein Gesicht.

Abram, ein leidenschaftlicher Farmer, der einzige schwarze Mann, der auf der Farm geblieben war, sprudelte heraus: »Mann, sagen Sie uns, was wir tun sollen!«

»Tun?« sagte Papa, während er sorgfältig ein Symbol in die Karte einzeichnete. »Was wollt ihr denn tun?«

Abram arbeitete hart, mußte überall auf der Farm sein, seine Kraft zur Verfügung stellen, ließ sich weder durch Wetter noch durch Mißernten entmutigen. Aber daß Bland senior ihn nicht wahrnahm, ihm nicht zuhörte, das verwirrte ihn. Er drehte sich mit einem nervösen Lachen zu Bill um.

Bill machte weiter. »Wo sollen wir pflügen? Und welche Tiere sollen wir schlachten, welche am Leben lassen? Und was ist mit allem anderen auf dieser verdammten Farm?«

Papa nahm ein Lineal und zog eine dünne Bleistiftlinie von Lewisburg nach Princeton. »Nicht fluchen, Bill«, antwortete er und fügte abwesend hinzu: »Oh, ich weiß es nicht. Abram und du, ihr könnt entscheiden.«

Abram zog die Schultern kräftig hoch, ließ sie wieder fallen und wandte sich ab, aber Bill schlug mit der Faust auf den Tisch. »Du hast dich ergeben, Papa!« polterte er.

Sein Vater machte erstaunte Augen. »Was ist denn mit dem los?« fragte er Mattilda.

Sie konnte ihm nicht antworten, aber sie wurde von großer Sorge ergriffen.

23. Kapitel

Ein Karren stand vor dem Haus, das Pferd noch angeschirrt, und niemand war zu sehen. Im Haus war es still. »Mama«, rief Mattilda. Schwere Schritte in der Diele des zweiten Stocks näherten sich der Treppe und stiegen abwärts. Was war los? Sie ging hinüber zur Treppe, um nachzusehen.

Sie hörte ein langes Stöhnen, wie der Laut eines Tieres. Was war das? Sie rannte zur Treppe, hörte wieder das Stöhnen, das in Schluchzen mündete. Mama! Irgend etwas war mit Mama.

Ein großer, bärtiger Mann stapfte herunter und kniff die Augen zusammen, um sie zu erkennen. Grandpa Hume! Was in aller Welt war passiert?

»Warte, mein Schatz. Pst! Pssst!« sagte er. Er weinte.

»Was ist mit Mama?« schrie sie ihm entgegen.

»Mit deiner Mama ist alles in Ordnung, Schatz. Aber Bland junior ist tot. Starb bei Carnifex Ferry in einer Ohio-Kompanie, erschossen von einem konföderierten Soldaten.« Er hob die großen Hände, um die Tränen zu verbergen. »Deine Mutter ist außer sich. Denkt, daß es vielleicht Michaels Kugel war. Gott steh uns bei. Armes Kind, armes Kind.« Bei dem Gedanken an den Schmerz seiner erwachsenen Tochter über ihre eigenen Kinder schluchzte er laut. Doch einen Moment später faßte er sich wieder und nahm Mattilda in den Arm.

»Dorothy kann den Brief von Michael nicht finden, aus dem hervorgehen würde, wie es war.« Er zögerte. »Sie wagt nicht, deinen Vater zu fragen.«

Mattilda verstand. Es war längst augenfällig, daß ihr Vater sich verändert hatte, sehr merkwürdig wurde.

Mattilda hatte nicht geweint, als Jason gestorben war, und sie weinte auch jetzt nicht. Sie zitterte und hatte Angst, in lauter kleine Teile zu zerbrechen und auf dem Boden zu zerspringen wie eine Porzellantasse, wenn sie Grandpa Humes sichere Umarmung verlassen würde. Oben weinte ihre Mutter unablässig, und manchmal sprach Papa leise. Zweifellos saßen Elizabeth und Marjorie und Bill in ihren Zimmern und weinten. Und Sarah, die Zwillingsschwester von Bland junior, wußte noch nicht einmal, daß er tot war, und er hatte ihren Sohn nie zu Gesicht bekommen.

Mattilda merkte, wie ihre Gedanken abschweiften. Sie schaute hinüber zu den Regalen, die mit Bland juniors Sammlung von kleinen hölzernen Tanzfiguren gefüllt waren. Plötzlich wurden die Gesichter der Tänzer lebendig, verdrehten und verzerrten sich vor Schmerz, die Münder schief vor Trauer. Ein Gesicht erstarrte zu Jasons traurigem, totem Gesicht, das weit in die Ferne starrte.

Grandpa Hume richtete ihren Kopf auf, seine blauen Augen forschten in ihrem Gesicht. Er führte sie zu dem großen Lederschaukelstuhl, zog sie auf seinen Schoß.

»Mattie, kannst du dich erinnern, wie wir über das Schwinden gesprochen haben?«

Sie schauderte, nickte.

»Mit Familien ist das genauso«, sagte er. »Sie haben eine Kraft, die aufbaut und sie stärkt, bis sie an einer Art Höhepunkt angelangt ist. Und dann fängt die Kraft an zu schwinden.«

Mattilda spürte, wie sie innerlich jammerte: Ja, ja, das ist unsere Familie, sie schwindet und schwindet zu einem Nichts.

»Werden wir denn alle sterben?« fragte sie. »Bedeutet der Krieg das Ende der Welt?« Entsetzen schüttelte sie, daß sie am ganzen Körper zitterte.

»Nein, nein«, antwortete er. »Es ist unsere Pflicht zu leben.«

Nach einer Weile fuhr der alte Mann fort: »Die Bewährung einer Familie, die wirkliche Stärke einer Familie oder auch eines einzelnen Menschen beweist sich nicht im Aufbau, sondern im Niedergang.«

Mattilda kam ein schrecklicher Gedanke. Grandpa Hume war achtundachtzig Jahre alt. »Schwindest du auch, Grandpa?«

Er drehte sie herum und schaute sie mit großem Erstaunen an. »Gott bewahre, nein, Matt. Ich bin am Aufbauen.«

Dann fing Mattilda an, in sein gutes Sommerjackett zu schluchzen, und er hielt sie fest, klopfte ihr ab und an auf den Rücken. Und während sie weinte, erinnerte sie sich an Bland junior und daran, wie er in der Nacht des Frühlingsfestes ausgesehen hatte und wie er aussah, wenn er auf dem Pferd ritt, und wie er sie immer geneckt hatte. Die Erinnerungen lösten noch mehr Tränen aus.

Michael. Gott behüte, daß er nicht seinen eigenen Bruder getötet hatte.

Als der Schmerz sie beinahe zu überwältigen drohte,

spürte sie in sich eine kräftige, unberührte Stelle. Sie durfte den Schrecken nicht bis dorthin gelangen lassen.

Und während sie weinte, ertappte sie sich bei dem Gedanken: Ich weiß nicht, wie ich die Familie festhalten kann. Aber ich werde aufhören, mich fallenzulassen. Auf der Stelle.

24. Kapitel

Oktober 1861

Mattilda saß allein am Bachufer. »Mat-*til*-da«, hörte sie Sarah rufen, ein langgezogener und einsamer Laut aus der Ferne. Sofort wandte sie sich freudig um. Sarah war nicht da. Es war etwas anderes, das Gurgeln des Baches oder das Rascheln eines Zweiges, der vom Wind an die Hauswand gedrückt wurde. Sarah war es nicht.

25. Kapitel

April 1862

Joe lärmte schon von ferne, so wie er früher von der Jagd nach Hause kam, wenn er ein gutes Stück Wachtel oder Truthahn erlegt hatte. »He, he, he, *he*, ihr alle. Ich bin zu Hause!« Und es war genau wie immer, alle stürzten herbei, um ihn zu begrüßen. Nur kam diesmal ein abgerissener, bärtiger Soldat, dünn und biegsam wie eine Angelrute, sein Hinterteil hing halb aus der Hose, die Sohle seines rechten

Schuhs war lose und schlappte bei jedem Schritt. Alle umschwärmten ihn, drückten und küßten ihn, und Mama lachte und weinte so heftig, daß Papa immer wieder besorgt sagte: »Ist ja gut. Ist ja gut.«

Als sie sich schließlich im Wohnzimmer niedergelassen hatten, erzählte ihnen Joe, daß Henry Clark sein Haus hatte verlassen müssen, als die Yankees es übernahmen. »Wenn du nicht für sie bist, bist du gegen sie«, sagte Joe, wobei seine Augenbrauen lustig zuckten. »Und ich nehme an, sie wußten, daß er für die Konföderierten ist. Also ist Henry raus, und zwar zusammen mit Nordstaatlern, die für uns sind, und sie haben sich um das ganze Haus verteilt, aber die Bundestruppen haben nichts mitgekriegt. Haben nicht die mindeste Ahnung, daß sie umstellt sind.«

»Und wo sind Mrs. Clark und die Kinder?« wollte seine Mutter wissen.

Joe warf ihr einen Seitenblick zu, scheute sich davor, es ihr zu sagen. »Sie sind noch im Haus. Mrs. Clark hat Henry gesagt, er soll verschwinden, aber sie will bleiben, damit die Unionisten nicht auf die Idee kommen, das Haus gehörte ihnen.«

»Guter Gott!« sagte Mama inbrünstig.

»Ich bin auf dem Weg zu den Clarks«, sagte Joe. »Wir schnappen sie uns, alle. Das wird ein nettes Treffen werden.« Sein Grinsen war angespannt und falsch, und Mattilda glaubte nicht, daß er sich so freute, wie er vorgab. Sie betrachtete ihn aufmerksam, versuchte den Joe vom letzten Jahr in ihm zu entdecken.

»Warum schreibst du nicht?« fragte Mattilda. »Michael schreibt ganz oft.«

»Ja«, wiederholte ihre Mutter. »Warum schreibst du nicht? Michael schreibt, allerdings ist er noch in keine Gefechte verwickelt gewesen, da ist er wohl nicht so beschäftigt.«

Papa hob warnend die Hand, doch es war schon zu spät.

»Michael nicht im Kampf? Klar kämpft der. Seine Kompanie war in einen der wüstesten Bergkämpfe verwickelt, von denen ich je gehört habe.« Dann bemerkte Joe die Bewegung seines Vaters. »Oh, tut mir leid, Dad. Tut mit leid, Mutter. Ich dachte, ihr wißt Bescheid.«

Mama war weiß geworden, entweder aus Furcht um Michael oder vor Zorn, weil ihr die Wahrheit vorenthalten worden war, oder wegen der wieder aufflackernden Sorge, daß Michael vielleicht doch Bland junior getötet haben könnte, das konnte Mattilda nicht beurteilen. Es wurde still, damit Mama ihre Gefühle unter Kontrolle bekommen konnte. Sie sagte kein Wort, aber Papa würde später etwas zu hören bekommen, das wußte Mattilda.

Warum fragte Mama Joe nicht nach Michael? Er würde es wissen, ob Michael bei Carnifex Ferry gewesen war. Der angespannte Ausdruck auf dem Gesicht ihrer Mutter war Antwort genug. Sie hatte Angst, die Wahrheit zu erfahren.

»Na ja, ich werd versuchen, mich zu bessern und öfter zu schreiben«, sagte Joe schließlich. Er ließ den Blick langsam über seine Familie wandern. »Meine Güte, Matt, du wirst ja eine richtige Schönheit.« Das machte sie verlegen, freute sie aber doch sehr.

»Du auch, Docia.«

»Danke, Joe«, sagte Docia mit ungekünstelter Eleganz. »Wer wird den Krieg gewinnen?«

»Wieso? Wir natürlich«, sagte er. »Ärgert dich das?«

»Pah«, sagte Docia scharf. »Das glaube ich nicht. Gerechtigkeit siegt.« Alle lachten, sogar Joe.

»Schatz, lauf und hol meine Gitarre«, bat er plötzlich Mattilda. »Ich hab mich so danach gesehnt, sie wieder in die Finger zu kriegen.«

Das war nicht weiter schwierig, weil sie die Gitarre in ihrem Zimmer hatte und oft versuchte, ihr eine Melodie zu entlocken, allerdings mit wenig Erfolg. Joe zupfte leise die Saiten, während sie sich unterhielten, und stimmte dann ein Lied an, das sie noch nie gehört hatte. »Ich hörte den fernen Donner summen, Maryland, mein Maryland!« Das Lied faszinierte sie, und jedesmal, wenn Joe zum Refrain kam, sang sie voller Begeisterung »Maryland, mein Maryland«. Sein Geklimper klang wie eine Baßtrommel, und Mattilda spürte Heimweh nach einem Land, das sie noch nie gesehen hatte.

Dann zupfte Joe eine eigenartige, kleine Melodie. Am Schluß sang er den Text mit. »Wer anders sollte neben mir gehen als ein junges Indianermädchen.« Das gefiel Mattilda auch, aber »Maryland, mein Maryland« hallte sofort kräftig in ihrem Kopf wider, als Joe aufhörte zu singen.

Joe hatte wenig Zeit für seinen Besuch. Seine Mutter begann sich Gedanken über seine Bekleidung zu machen. »Warum ziehst du nicht ein Paar von deinen alten Kniebundhosen an?« fragte sie. »Und einen Pullover?«

»Nein, diese Hose gehört zu meiner Uniform, auch wenn sie ein bißchen dünn ist. Ich brauche aber ein Paar Stiefel.« Und mit schnellen Sprüngen lief er die Treppe hinauf. Ein paar Minuten später kam er mit einem Paar alten Stiefeln von Michael an den Füßen wieder herunter.

»Passen perfekt«, jubelte er. »Wartet nur ab, bald wird Michael vorbeikommen, um diese Stiefel zu holen, denn er geht zu Fuß, während ich meistens reite.«

»Worauf denn?« fragte sein Vater. »Das Pferd da draußen wird dich nicht weit tragen.«

»Ich fahre im Zug – mit meinem Pferd. Und dem gefällt die Eisenbahnfahrerei besser als mir. Die lassen uns andauernd durchs Tal gondeln, immer dahin, wo irgendwas los ist, damit wir ja nichts versäumen.«

Die Mutter gab ihm einen schwarzen Pullover. »Nimm den. Du kannst ihn dir um den Bauch binden, um dein Hinterteil zu bedecken, wenn deine Hose endgültig den Geist aufgibt.« Er grinste und nahm den Pullover.

Einen winzigen Augenblick dachte Mattilda erschrokken, daß jetzt alle ganz traurig werden würden. Aber dann stand Joe kurz entschlossen auf und sagte: »Ich muß los.«

Wieder schnelle Umarmungen der Reihe nach. »Joe, paß auf Mrs. Clark auf, hörst du?« sagte Mama. »Und laß von dir hören. Wir machen uns Sorgen, weiß du. Das läßt sich nicht vermeiden.«

»Mach ich. Bei der ersten Gelegenheit schicke ich euch eine Nachricht über die Clarks.« Plötzlich sah Joe jung und traurig aus. »Und sagt dem alten Michael einen Gruß, wenn ihr ihn seht. Ja? Manchmal wünsche ich, ich hätte seine Kompanie nicht verlassen.«

Und dann saß er auf seinem dünnen weißen Pferd und lenkte es auf die Straße. Er wandte sich zu ihnen um und salutierte zum Abschied. Eine ganze Weile blieben sie dort stehen und schauten ihm nach und lauschten dem langsam verhallenden Klack-Klack der Hufe. Und noch langsamer wich die Melodie von »Maryland, mein Maryland« aus Mattildas Kopf.

26. Kapitel

Mai 1862

Von draußen aus dem Garten brüllte Newt Jackson »Haaallo« wie ein Bergsteiger und wartete darauf, daß sie herauskamen, denn er weigerte sich, einen Schritt ins Haus zu tun, weil es ihm zu elegant war. »Also, ich hab ein paar Neuigkeiten«, sagte er, wobei ihm die Augen vor Wichtigkeit fast aus dem Kopf quollen. »Joe hat mich geschickt. Ihm selber geht's gut, aber wir haben bei Clarks Haus eine Schlappe erlitten.« Newt schnaufte und pfiff durch die Zähne, als er merkte, daß ihm alle Aufmerksamkeit zugewandt war. Genoß das Erzählen, wobei ihm egal war, daß sie vor allem schnell hören wollten, was geschehen war.

Oje, dachte Mattilda. Der Krieg würde wohl nicht so toll werden.

»Und was ist mit Mrs. Mize Clark?« fragte Mutter, die Newts Langsamkeit nicht ertragen konnte.

»Dazu komm ich gleich«, gab er zurück. »Nun, die Bundestruppen waren im Haus, ungefähr fünfundsiebzig. Können Sie sich das vorstellen? Haben in jedem Zimmer auf dem Fußboden geschlafen, nehme ich an. Und wir waren überall im Wald und warteten darauf, daß sie aus dem Haus kommen und wir sie kriegen würden.«

»Wir?« fragte Papa trocken.

»Na ja, Sie wissen schon, die Rangers und so, zwei, drei, Kompanien unserer Männer. Bei Tagesanbruch traten die Bundessoldaten zum Appell an, hatten sich in einer Reihe vor dem Haus aufgestellt, kratzten sich, knöpften ihre Hemden zu und gähnten und so.«

»Nun mach schon, Newt«, platzte Mutter heraus. »Was ist mit Mrs. Clark?«

»Nun, irgend jemand fing an zu schießen, bevor sie alle draußen waren, zu schnell war das. Also verkrochen sich alle wieder im Haus und fingen sofort eine wilde Schießerei an. Die Yankees schoben ihre Gewehre direkt durch die Ritzen zwischen den Baumstämmen, so daß sie die bessere Position hatten, denn unsere Jungs konnten durch die dikken Holzbohlen nicht durchschießen. Und Mrs. Clark und ihre beiden Kleinen waren während der ganzen Sache drinnen im Haus, lagen auf dem Fußboden, möchte ich wetten. Und das ging stundenlang so.

Aber die Yankees haben es irgendwie geschafft, Verstärkung anzufordern, und dann kamen noch mehr Yankeetruppen. Ich sag euch, die Unionisten sind auf dem Vormarsch. Dann sind unsere Jungs weg von dem Haus der Clarks, nach Süden, sie wollten versuchen, in Princeton zu bleiben. Aber die Yankees haben sie dort vertrieben, und jetzt sind unsere Männer auf dem Weg hierher. Vermutlich nicht über die Straße, denke ich, sondern über die Paßstraße. Sie sind auf dem Marsch.« Der Satz gefiel Newt. »Auf dem Marsch. Alle sind auf dem Marsch.«

Er hielt inne, um festzustellen, ob ihm auch alle aufmerksam zuhörten. »Aber was schlimmer ist, viel schlimmer, ist Princeton. Was sie mit Princeton gemacht haben . . .«

Was? Was? Mattilda hatte plötzlich eine schreckliche Vision, daß alle Bewohner von Princeton tot auf den Straßen lagen. Sie ging gerne in die Stadt Princeton, die große Zahl der Häuser dort beeindruckte sie. Es waren mehr als hundert, nahm sie an, obwohl sie sich zwischen den schick gekleideten Menschen in Princeton immer wie eine Landpomeranze vorkam.

»Sie haben Feuer gelegt, und Princeton brennt in diesem Augenblick völlig nieder.«

Es kam die Reaktion, die er erwartete hatte. »Nein! Nein!« schrie Mattildas Mutter.

»Die verdammten Unionisten!« brüllte Papa. »Diese verdammten Unmenschen!«

Newt Jackson war verlegen.

»Äh, es waren die konföderierten Truppen«, sagte er. »Sie haben aus ihren Läden geräumt, was sie nur konnten, und dann haben sie die Häuser angesteckt, damit die Unionisten sie sich nicht unter den Nagel reißen können.«

»Siehst du?« sagte Mama voller Wut zu Papa. »Das ist Krieg. Spielt überhaupt keine Rolle, daß Princeton immer loyal zum Süden gehalten hat. Willst du mir sagen, wir sollten auf der Seite von Leuten sein, die das getan haben?« Papa bot sich als erstes Opfer für ihr Rachebedürfnis, nachdem die Häuser ihrer besten Freunde angezündet worden waren.

Sie hielt inne, sah elend aus. »Bestimmt würde Joe sich an so etwas nicht beteiligt haben?«

Newt Jackson bot Trost. »Nein, Ma'am. Es war die reguläre Kompanie, die in Princeton stationiert ist, unter dem Befehl ihres Oberst.«

»Wo sind die Leute, deren Häuser verbrannt sind?« fragte Mattilda.

»Auch auf der Paßstraße. Sind auf dem Weg nach Rocky Ford oder Wytheville zu Verwandten oder sonstwem, der sie aufnimmt. Sie sind auf dem Weg nach Süden.«

Sie kamen in langen Reihen die Straße entlang; Frauen, Kinder und alte Männer, die Decken und Lebensmittel mit sich schleppten. Ein Mann war beladen wie ein Maultier. Er hatte sich gußeiserne Pfannen, ein Mehlsieb, Blechtassen, Schöpfkellen um Hals und Bauch gebunden, mit Schnüren über die Arme gehängt, daß es klapperte und klirrte. Ihn hörten sie zuerst und wußten somit, daß Flüchtlinge auf der New Place-Straße waren. Alle trugen zusätzliche Kleidung, obwohl es warm war, und eine Frau hatte ihren guten Hut oben auf ihrem Sonnenhut befestigt. Einige hatten ihre Sonntagsschuhe um den Hals gehängt. Eine alte Frau trug unter dem einen Arm einen Schinken und einen Sack voll Salz unter dem anderen. Fünf Kerzen steckten aufrecht in ihrer Schürzentasche. Es gab ein paar Wagen, von Hand gezogen, und zwei, die von Pferden gezogen wurden.

Mit den Flüchtlingen kamen konföderierte Soldaten, sie zeigten weder Furcht noch Eile, marschierten ohne Tritt, unterhielten sich verbittert. Manchmal war der Vorgarten voller Leute, und alle drängten zu dem Brunnen an der Seite. Mama rannte mit Blechtassen hinaus. Die Schöpfkelle war nicht gut genug für die Leute aus Princeton, die ihr Zuhause verloren hatten, und für die Soldaten auch nicht.

»Haltet an und ruht euch aus!« rief sie. »Kommt rein und setzt euch einen Augenblick und erzählt uns von Princeton.« Das Haus füllte sich, und es wurde schnell klar, daß ihnen zur Nacht ein volles Haus bevorstand. Einige Flüchtlinge tranken etwas, ruhten sich im Schatten aus und zogen weiter, aber andere nahmen dankbar die Gastfreundschaft der Familie Repass in Anspruch.

»Geben Sie meiner Familie heute abend und morgen früh etwas zu essen und nehmen Sie dafür diesen Schinken«, sagte die alte Frau, eine Bitte, die sie sichtlich Überwindung kostete. In Mattilda schlug eine Welle von Sympathie hoch. Sie beide hatten die Plätze getauscht, jetzt trug die Frau diesen Ausdruck von Bescheidenheit, deutlicher noch als sie selber bei ihren früheren Besuchen in Princeton.

»Aber nein, ich werde doch diesen großen Schinken

nicht annehmen. Sie sind bei uns mehr als willkommen«, sagte Mattildas Mutter ruhig. »Kommen Sie herein.«

Mattilda registrierte Schock und Wut und Erschöpfung auf den Gesichtern und geriet selber in Zorn.

»Matt«, flüsterte Docia, »du kannst sagen, was du willst, die Soldaten der Union würden so etwas niemals tun.«

»Würden sie wohl. Der Krieg hat alle verrückt gemacht.«

»Princeton ist völlig niedergebrannt«, sagte eine Frau. »Weniger als ein Dutzend Häuser sind stehengeblieben. Als wir den Ort verlassen haben, sind die Bundestruppen einmarschiert.« Sie seufzte. »Sie werden sich wohl nehmen, was geblieben ist.«

»Sie sind auf ihrem Weg«, sagte eine andere Frau.

»Hierher? Was wollen sie denn in dieser Richtung? Was gibt's denn hier unten?« fragte jemand erstaunt.

»Ich zeig's Ihnen«, sagte Papa, der froh war, seine Karten vorzeigen zu können. Er ließ sie ein und zeigte den Verlauf der Eisenbahnlinie von Virginia und Tennessee und ihre wunden Punkte. Er zeigte auf die Bleiminen bei Wytheville und auf Kings-Salzwerke.

»Wer interessiert sich schon für Salz? Wir haben doch jede Menge Salz«, sagte Mama erstaunt.

»Genug für das Fleisch für den nächsten Winter?« fragte er grimmig. »Genug für die Konföderierte Armee?«

Sie schwieg betroffen.

Ihre Nahrungsmittelvorräte schmolzen während der nächsten Stunden merklich zusammen, aber dann zogen alle Gäste weiter, bis auf die alte, taube Tante Anna Bailey, deren kleines Haus verbrannt war, in dem sie fast sechzig Jahre gelebt hatte. Sie mußten ein neues Zuhause für sie finden.

Später hörten sie, daß General Marshall seine Bundestruppen nach einem Gefecht zurückgezogen hatte. Und es hatte eine Schlacht bei Lewisburg gegeben, auch dort wurden die Yankees zurückgeschlagen.

Sie atmeten auf. Aber die Salzwerke und die Bleiminen und die Eisenbahn waren immer noch dort, und in Mattildas Vorstellung bestand nach wie vor die Gefahr, daß riesige Menschenmengen die New Place-Straße entlangkommen würden. Beim nächsten Mal, da wollte sie wetten, würden es Männer in blauen Uniformen sein.

27. Kapitel

Mattilda, Docia, Papa, Abram und Grandpa Hume standen im Windfang an der Küche und versuchten, ein Problem zu lösen.

Mattildas Aufgabe bestand darin, sich mit ihrem Vater auseinanderzusetzen, und Docia konzentrierte sich auf Abram. So ist die Sache beinahe ausgeglichen – weiß gegen weiß und schwarz gegen schwarz, dachte Mattilda, obwohl es andererseits nicht fair war. Es war schwer, gegen einen Mann anzukämpfen, insbesondere gegen einen älteren Mann, der überzeugt war, recht zu haben, und in dessen Stimme nie eine Frage oder ein Vorbehalt anklangen. Gott sei Dank war Grandpa Hume als Schiedsrichter dabei.

»Schafescheren ist ein harter Job, den man gut gelernt haben muß«, sagte ihr Vater freundlich. »Viel schwerer als Bienenzucht. Das ist nichts für Mädchen.«

Mädchen! Ab in die Küche, meinte er damit. Feg die Veranda. Bring das Wischwasser hinaus. Schrubb die Pfannen und die Tiegel. Mach den Biskuitteig. Und so weiter. Sie würde den Teufel tun.

Mattilda schlug den gleichen sanft-vernünftigen Ton wie ihr Vater an. »Wir sind wie alle anderen. Wir müssen lernen, wie man ein Schaf schert. Dann können wir es auch.«

»Das stimmt«, sagte Docia zu Abram. »Du warst doch derjenige, der immer gesagt hat, wir werden totgestochen, wenn wir den Bienen die Honigwaben stehlen. Aber wir leben noch.« In Mattilda blitzte die Erinnerung an das erste Mal auf. Docias Gesicht war so geschwollen gewesen, daß sie kaum noch etwas sehen konnte.

»Mit Gottes Hilfe«, sagte Abram zu ihr. »Und in eurer Wanne voll Honig schwamm eine Million toter Bienen. Jedesmal, wenn ich mir Honig auf ein Brötchen geschmiert habe, mußte ich aufpassen, daß ich keine Bienenknochen in den Mund bekam.«

»Das stimmt«, sagte Papa zu Mattilda. »Kannst du dich nicht mehr an den verpfuschten Honig erinnern?«

»Das war ja auch unser erstes Mal«, protestierte Mattilda. »Wie war's denn bei dir beim ersten Mal?« Dann kam ihr noch ein Gedanke. »Oder hast du etwa nie gelernt, wie man den Bienen den Honig wegnimmt?«

Das hatte gesessen, zu gut sogar, denn ihr Vater setzte eine möglichst gleichgültige Miene auf, um die Wahrheit zu verbergen. Und Grandpa Hume, der sich immer noch aus der Debatte heraushielt, zog die Mundwinkel herunter, um nicht zu lachen. Vermutlich hatte der alte Bland senior nie in seinem Leben Honig aus einem Bienenstock geraubt. Jetzt versuchte sie sich daran zu erinnern, wann er je erwähnt haben mochte, Schafe scheren zu können, aber ihr fiel nichts ein.

»Alle Jungs außer Bill sind fort, Papa«, sagte sie freundlich. »Irgend jemand muß dir bei der Farmarbeit helfen, und wir bieten es dir an.«

Das Angebot war allerdings nicht so selbstlos, wie es schien, das war ihr klar. Denn jeder wußte sehr wohl, daß Docia und Mattilda mit Hausarbeit nichts im Sinn hatten.

In Abram gärte es noch. »Ich sollte ein Schaf herholen und sie es scheren lassen«, sagte er. »Dann würden sie's kapieren.«

»Gute Idee«, sagte Grandpa Hume, und Abram rannte davon, denn genau wie Bland senior brannte er darauf, den Mädchen zu beweisen, daß sie unrecht hatten. Er kam mit einem riesigen Schaf zurück, das fügsam und schlaff wie eine Stoffpuppe in seinen Armen hing.

»So können wir die Debatte beenden«, sagte Grandpa Hume. »Wenn sie dieses eine scheren können, dann sollen sie Schafe scheren. Wenn nicht, dann dürfen sie nicht.«

Gott hab Erbarmen mit dem armen Schaf. Während Mattilda es mit aller Kraft am Boden hielt, bearbeitete Docia es mit der guten Sheffield-Schere. Dem Schaf forderte sie dabei Blut und laute Schreie ab, sich selbst und Mattilda Stöhnen und Schweiß. Die drei Männer schauten schweigend zu. Als Mattilda erschöpft, schweißgebadet, dreck- und tränenverklebt war, übernahm Docia das Festhalten. Wer hätte je gedacht, daß ein Schaf wie ein widerborstiges Maultier buckeln und treten konnte?

Sie schniefte und schor, hielt ein Bein beharrlich fest, auch nachdem es sie getreten hatte, arbeitete sich zäh voran, und als sie in die Haut schnitt, schrie sie »Oooh!«, fast im gleichen Augenblick und im gleichen Ton, wie das Schaf blökte. Sie dachte nicht daran aufzugeben. Es war ein Kampf auf Leben und Tod, um ihrer selbst willen, gegen die Überzeugung ihres Vaters, sie könne keine Schafe scheren. Schließlich ließ sie das Schaf laufen und hob die verstreuten Wollbüschel auf. Abram kicherte. »Nennst du das scheren?«

»Ja, das nenne ich scheren«, sagte Grandpa Hume. »Wieso nicht?«

»Sie haben nicht alle Wolle abgekriegt. Sie haben am hinteren Ende angefangen, und das ist falsch.«

»Woher weißt du das, Abram?«

»Mein Daddy war der beste Scherer, den ich je gekannt habe, und er hat es mir gezeigt.«

»Oh, dann wurde es dir also beigebracht?« Grandpa Hume ließ Papa ein bißchen Zeit zum Nachdenken. »Aber wir haben diese beiden jungen Frauen ihre erste Schur ohne den kleinsten Tip machen lassen.«

Papa schaute weg, hinüber zu den Bergen. Sucht wohl

Hilfe, dachte Mattilda. »Abram«, sagte er entschlossen, »laß sie sich ein bißchen ausruhen. Dann bring ihnen bei, wie man ein Schaf schert.«

Grandpa Hume ist ein geborener Lehrer, dachte Mattilda. Er hat Papa eine gute Lektion verpaßt. Sie erinnerte sich daran, wie Grandpa Hume und die Jungs die Baumstämme für das Räucherhaus zurechtschlugen. Sie hackten wie wild, bis er sagte: »Macht es euch nicht unnütz schwer, Jungs. Ihr dürft nicht versuchen, es abzuschneiden. Schlagt gegen die Faser des Holzes, dann könnt ihr es abspalten.«

Es gab mit Sicherheit eine einfachere Art, ein Schaf zu scheren, und Abram würde es ihr zeigen, obwohl ihr Grandpa Hume als Lehrer lieber gewesen wäre.

Mattildas Freude über ihren Sieg wurde durch den verschlossenen Blick ihres Vaters getrübt. Der Sieg hatte ihn irgendwie weiter ins Schwinden geraten lassen. Sie konnte nicht verstehen, warum. Er würde sich jetzt wieder an seine Karten machen.

Ihre Mutter steckte den Kopf heraus. »Wird das deine Hände verderben, Mattilda? Du bist bald im Brautalter, und die Sonne macht deiner Haut jetzt schon zu schaffen.«

Mattilda hatte ihre Bedenken, ob sie überhaupt als Braut geeignet wäre. Sie warf einen hastigen Blick auf ihre Hände, die so seiden wie ein Handschuh waren, und hielt sie dann triumphierend hoch, stolz, sie vorzeigen zu können, denn ihre Mutter hatte Zweifel in ihr geweckt, ob sie wohl je einen Liebsten haben würde. Manchmal betrachtete sie sich im Spiegel und versuchte sich einzureden, sie sei hübsch, aber schon im nächsten Augenblick sah sie eine ihrer Schwestern vor sich und wurde eines Besseren belehrt. Sie seufzte. Wenn sich nicht ihr Vater Sorgen um sie machte, dann tat es ihre Mutter.

Da es jetzt wieder Schafscherer auf der Farm gab, konnte wieder Tuch hergestellt werden, und ihre Familie würde nicht die rohen Schaffellmäntel tragen müssen, die inzwischen so verbreitet waren.

Docia und Mattilda streckten sich im Gras aus und ruhten sich aus. Warum fing ihr Vater wieder an zu schwinden? Mattilda erkannte die Zeichen, auch wenn sie sie nicht verstehen konnte. Sie selber hatte das sichere Gefühl, zu wachsen und gesund zu sein.

28. Kapitel

Januar 1863

»Weißt du, was die Befreiung der Sklaven für mich bedeutet?« fragte Mattilda.

»Klar«, antwortete Docia prompt. »Das bedeutet, daß du deinen Nachttopf selber ausleeren mußt.«

Halb amüsiert, halb verärgert gab Mattilda zurück: »Du brauchtest nie meinen Nachttopf zu leeren. Das hab ich selber gemacht.«

»Ja, außer wenn du mal einen Tag ausgelassen hast, oder wenn du ihn im Farn ausgekippt hast und ich dann den Job übernehmen mußte, weil der Farn abstarb.«

»Oh«, sagte Mattilda verdrießlich, »tut mir leid. Das habe ich gar nicht gemerkt.«

»Ich vergebe dir«, sagte Docia edelmütig, nachdem sie ihren Ärger hatte herauslassen können. »Wie war das also mit dir und der Sklavenbefreiung?«

Mattildas Scham hatte ihren Gedanken vertrieben. Es war eine entsetzliche Vorstellung, so verwöhnt gewesen zu sein. Sklaverei war eine schlimme Sache.

29. Kapitel

Juni 1863

Mattilda war schon ein dutzendmal die Treppe hinauf- und heruntergeflitzt, völlig ausgepumpt von der Anstrengung und voller Wut auf Marjorie, weil sie nicht herunterkam. Schließlich war es doch ihre Hochzeit und nicht Mattildas, und deshalb sollte sie da sein und helfen.

Marjorie beugte sich über ihren Webstuhl, arbeitete mit zornigem Schwung, ließ eine blau-weiße Decke entstehen, nichts Besonderes, keine Arbeit, die sie nicht auch später hätte tun können oder die nicht auch ein anderer für sie beenden könnte.

»Warum kommst du nicht runter und hilfst uns beim Altar?« fragte Mattilda. »Willst du bis zu deiner Hochzeit an der Decke arbeiten?«

Marjorie antwortete nicht, arbeitete mit gesenktem Kopf weiter. »Was wollte Mama?« fragte sie.

»Ob einfache weiße Laken für den Altar ausreichend sind?«

»Prima. Mit Blumen drumherum. Und zwei Kissen zum Knien.«

»In Ordnung.« Mattilda wollte sich wieder auf den Weg nach unten machen, überlegte es sich dann anders, ging zurück, um noch einen letzten Versuch zu wagen, obwohl Dorothy Repass gesagt hatte, sie sollte sie in Ruhe lassen. »Marjorie, sag mir doch, warum du nicht runterkommst. Du hast jetzt schon acht Stunden an dem Ding gearbeitet.«

Marjorie warf ihr einen kurzen, unsicheren Blick zu. »Das beruhigt mich.«

»Oh.«

Sie ging hinunter und überlegte, wieso die sonst so sichere und laute Marjorie so unsicher und aufgeregt war.

Also machte Albert King sie nervös. Oder das Heiraten. Wie auch immer – Mattilda jedenfalls hatte nicht die Absicht, sich aufs Heiraten einzulassen.

30. Kapitel

Juli 1863

Asche zu Asche, Staub zu Staub. Immer wieder fuhren Mattilda diese Worte durch den Kopf. Doch es gab keine Leichen zu beerdigen, keine Asche, keinen Staub, nur die bedauernden Briefe, in denen stand, Michael ist tot, Albert King ist tot, beide innerhalb von wenigen Minuten bei der Piney-Fluß-Furt im Raleigh County getötet.

Wer würde eine Furt über den Piney-Fluß gegen Michael eintauschen? Oder den ganzen Piney-Fluß und alles angrenzende Land? Mattilda nicht. Mama nicht. Der Verlust von Michael schmerzte in Mattildas Brust.

Ihre Mutter saß auf der Bank und hielt auf der einen Seite Papas Hand, auf der anderen Seite Marjories. Und Marjorie klammerte sich an Bill fest. Mattildas Platz auf der harten Bank war ganz außen. Sie bemühte sich, Bruder Sheffey zuzuhören, der die Trauer aus ihr herauslocken wollte, so daß es weniger schmerzte. Es war eine große Ehre, daß Bruder Sheffey für sie predigte, denn er wurde in der ganzen Gegend gebraucht, und außer ihr lauschten ihm alle ernsthaft, so gebannt, als ob die beiden Tode ihnen den Vorwand für eine Art von Ekstase gäben.

Nein. Sie würden ihren eigenen stillen Gottesdienst für Michael halten. Ein warmer Luftzug zog durch die offenen Fenster, ein Junikäfer flatterte herein und mit dem Wind wieder hinaus. Michael würde nie wieder einen Junikäfer sehen, nie wieder spüren, wie der Wind durch die Kirche wehte. Mit diesen Gedanken versuchte sie, ihre Trauer zum

Vorschein zu holen, aber sie konnte sich noch nicht einmal Michaels Gesicht in Erinnerung rufen. Sie hörte ihn beinahe lachen, sah ihn beinahe, wie er sich plötzlich zu ihr niederbeugte, spürte beinahe seine Arme, die sie hochhoben, aber jeder Eindruck verwischte augenblicklich, schnell und leicht wie das Streicheln des Windes.

Die Beerdigungspredigt lenkte sie zu sehr ab, sie konnte ihrem Kummer nicht nachgehen. Sie mußte warten, bis sie allein war. Mattilda beobachtete Marjories behandschuhte Hand, die still in der ihrer Mutter lag. Im Gegensatz zu ihrer Mutter, die sich beugte und laut herausweinte, schien Marjorie gefaßt, viel ruhiger als am Tag vor ihrer Hochzeit. Ihre Schwangerschaft, von der nur ihre Familie wußte, hatte ihr Würde verliehen. Albert hatte gerade soviel Urlaub gehabt, daß er sie heiraten und schwängern konnte, bevor er wieder loszog und getötet wurde, noch ehe bei ihr die morgendliche Übelkeit eintrat. Mattilda erinnerte sich plötzlich daran, wie peinlich es ihr gewesen war, als Grandpa Hume und Bland senior Marjorie von dem kleinen Haus, das sie für sich und Albert einrichtete, nach Hause brachten. Marjories weißes, elendes Gesicht drängte sie, etwas zu ihr zu sagen, aber sie wußte einfach nicht, was sie sagen oder tun sollte. Marjorie hatte verstanden. »Ist schon gut, Mattie.«

Am Ende der Beerdigungsfeier standen alle in der Kirche unter dem Eindruck der starken Worte von Bruder Sheffey, und aus aller Augen rannen Tränen – nur bei Mattilda und Marjorie nicht. Aber dann, bei der Einsegnung, als Marjorie plötzlich gewahr wurde, daß kein Leichenwagen um den Friedhofshügel fahren würde, es keine Leichen zu begraben gab, daß es nur irgendwo zwei unmarkierte Gräber gab, da schrie sie heraus: »Ist das alles? Soll das etwa alles sein?« Und sie brach in lautes Schluchzen aus.

Mattilda verstand dieses Gefühl der Leere, das quälende Fragezeichen, das im Kopf zurückblieb.

Sie setzte sich ab und stieg allein den langen Hügel zum Friedhof hinauf. Mangelnde Pflege hatte ihn schöner werden lassen, wilde Rosen und Spanischer Flieder wucherten über die Gräber. Sie fand eine Stelle auf dem roten Boden, die frei von Ameisenhügeln war, und setzte sich, um ihre Trauer herauszulassen, um der Spannung, der heißen Trokkenheit ihrer Augen nachzugeben.

Neben ihr führte ein Murmeltierbau in die Tiefe, am Eingang war ein Haufen von Steinen und Wurzeln zurückgelassen worden. Dazwischen lag ein kleiner glatter Stein von derselben roten Farbe wie die der größeren, zerklüfteten Steine, die überall herumlagen. Sie hob ihn auf, erstarrte vor Schreck, als sie merkte, daß es eine menschliche Kniescheibe war, genau wie bei dem Skelett in Onkel Georges Praxis. Nach dem Schrecken kam die Wut. »Abscheuliches Murmeltier!« sagte sie.

Wessen Knochen könnte das sein? Er lag genausoweit von den Gräbern ihrer Urgroßeltern wie von anderen Gräbern. Sie erwog, ihn zu behalten. Nein, das wäre nichts.

»Was hältst du davon, Michael?« fragte sie laut. Sie hörte ihn deutlich lachen, und auch sie kicherte ein wenig.

Dann wußte sie, was sie mit dem Knochen tun würde. Sie ließ ihn zurück in das Loch fallen, beugte den Kopf, um die Kette zu öffnen, an der Michaels Nagel hing, ließ ihn zu dem Knochen fallen, streute eine Handvoll Sand darüber. »Asche zu Asche, Staub zu Staub«, sagte sie. Plötzlich sah sie Michael ganz klar vor sich, wie er den Nagel schmiedete, sah sein entschlossenes Gesicht.

»Tut mir leid, daß du so jung sterben mußtest, Michael«, sagte sie zu dem Bild.

Schließlich brach ihr Kummer voll heraus, und sie weinte sich den Schmerz von der Seele. Dann stopfte sie Erde in das Loch, markierte die Stelle mit einem Stock und ging mit dem Gefühl, daß nun alles seine Ordnung hatte, den Hügel hinunter.

Wenn Sarah hier wäre, könnte ich ihr von dem Knochen erzählen und könnte sie wie Michael lachen hören.

31. Kapitel

Mattilda arbeitete am Webstuhl und Docia am Spinnrad im Wohnzimmer unter der Treppe. Diese Stelle hatte sich Mattilda ausgesucht, als Docia und sie die enorme Arbeit übernommen hatten, selber Tuch aus der geschorenen Schafwolle herzustellen. Der Treppenaufgang war das Herz des Hauses. Von hier aus konnte Mattilda ins Arbeitszimmer ihres Vaters schauen und ihn beobachten, wie er durch seine Lupe auf die Kriegskarten starrte. Sein kahler Kopf glänzte im Licht der Petroleumlampe, und seine Brille verbarg seine Augen. Keine Frage, seit dem Krieg war Papa im Schwinden begriffen. Aber seit Michaels Tod und seit ihm langsam dämmerte, daß Virginia den Krieg verlieren würde, war es noch viel schlimmer geworden.

Von hier aus konnte Mattilda die Treppe hinaufbrüllen, wenn ihr danach war, und die Atmosphäre des Wohnzimmers genießen, weil hier alle abendlichen Aktivitäten stattfanden. Die anderen aßen Äpfel oder Puffmais oder knackten Walnüsse, während sie sich unterhielten. Durch die Doppeltüren konnte sie in den Salon sehen, wenn zum Beispiel Elizabeth Besuch hatte, gewöhnlich ein junger konföderierter Gebirgsjäger, der für ein oder zwei Tage zu Hause war. Elizabeth war das schönste Mädchen der Familie geworden, groß und schlank, das rotblonde Haar geschickt zurückgekämmt, die Augen so blau wie die von Grandpa Hume. Manchmal war der Salon voller Besucher, die ihr Beileid ausdrücken und über den Krieg sprechen wollten.

Am Webstuhl benutzte Mattilda einen naturfarbenen und einen kermesbeerroten Kettfaden mit naturschwarzem Schußgarn, wobei sie sich einen wunderschönen dunklen Anzug für ihren Vater vorstellte, der seit Kriegsbeginn keinen neuen mehr bekommen hatte, obwohl sein guter weicher Anzug wie eine Halskrause um ihn herumschlabberte. Er ist so klapperdürr, dachte sie. Seit dem fröhlichen Tag der Sklavenbefreiung hatte er keinen glücklichen Tag mehr erlebt.

Sie fing an, darüber nachzugrübeln, was für Veränderungen der Krieg mit sich gebracht hatte. Das Haus schien noch das gleiche zu sein, aber bei genauerer Betrachtung war zu sehen, daß die Möbel und das Messing poliert werden müßten; das Gras ums Haus war so hoch gewachsen, daß es zwei Tage dauern würde, bis man es mit der Sichel gemäht hatte; Felder, die in vollem Korn stehen sollten, waren von Gestrüpp überwuchert, und das Vieh war dürr und halbwild geworden. Die Leute waren still und stumpf, nur manchmal brausten sie unvermittelt auf.

Die ganze Farm litt deutlich unter einem Mangel an Pflege, das lag zum einen an den fehlenden Arbeitskräften, zum anderen an der Verzagtheit ihrer Eltern. Mattilda begriff langsam, was Grandpa Humes Wort *Schwinden* bedeutete. Ihr Papa schwand dahin. Trotz der harten Arbeit, die er in die Farm gesteckt hatte, und trotz der besten Absichten, alles in Schuß zu halten, hatte er jetzt nur eines im Sinn: die Kriegsmanöver der Regimenter seiner Söhne und Schwiegersöhne aufzuzeichnen.

An der nördlichen Wand, von seinem Schreibtisch aus gut sichtbar, hatte er eine große Karte von Virginia aufgehängt, auf der stand: *Michaels Karte*, und des Nachts studierte er diese Karte und überlegte, wo Michael gewesen sein möchte. Und inwiefern Michael noch am Leben sein könnte, wenn der Krieg anders geführt worden wäre. Mattilda fragte sich, ob ihr Vater vielleicht dachte, Michael wäre noch am Leben, ob er die Vorstellung, seine Zwillingssöhne wären durch den Tod getrennt worden, zu unerträglich fand.

Im Augenblick verfolgte er den Vormarsch von Joe und sprach laut darüber. »Hier verläuft der Fluß, und an dieser Biegung muß eine Klippe sein. Das Land dort ist so zerklüftet, daß tausend Männer da durch können.« Und so weiter. Und manchmal schimpfte er laut. »Diese verdammten Trottel, dort können sie nicht gewinnen. Sie sollten es gar nicht erst versuchen.« Und ein paar Minuten später sagte er: »Siehst du? Siehst du? Ich hab euch doch gesagt, daß das schiefgeht.«

Wenn ihr Vater die Karten studierte, kam er ihr älter vor als Grandpa Hume, schien sich der Realität des Lebens auf der Farm kaum bewußt zu sein. Grandpa Hume blieb jetzt bei ihnen in New Place, bewohnte das Zimmer neben Sarahs leerem Zimmer, und er hatte das Sagen auf der Farm übernommen, obwohl das niemand offen zugab.

Mattilda arbeitete rasch am Webstuhl, freute sich an dem Material, das sie schuf, obwohl sie Marjories Geschicklichkeit nie erreichen würde.

Aus den Augenwinkeln sah sie ihren Vater zu Michaels Karte gehen. Er lehnte sich zurück, um sie durch seine Brillengläser zu betrachten; dann wandte er sich wieder Joes Karte zu. »Ich verstehe, was sie hier versuchen«, sagte er zu sich selbst. »Das muß die Straße entlang des Baches sein. Die Verteidigungslinie ist jetzt dort.« Und er zeichnete Linien ein, die Brustwehren symbolisierten. So verbrachte er Abend für Abend, wobei er allerdings Bland juniors kleine Karte meistens vernachlässigte, die nur mit unsicheren, gepunkteten Linien markiert war. Nicht daß er Bland junior als Feind betrachtete, aber es kamen nicht sehr viele Nachrichten von der Seite der Yankees.

Sie dachte an Michaels Karte, die die komplizierteste von allen war, weil er häufiger als die anderen geschrieben hatte. Sie streckte sich, um sich einen Moment vom Weben auszuruhen, obwohl sie es haßte, auch nur eine Minute lang aufzuhören. Aber sie wußte, daß sie sonst bald anfangen würde, Fehler zu machen. Sie war wie besessen von dieser Arbeit, bei der vor ihren Augen der wollene Stoff entstand, und sie war tief befriedigt darüber. Papa sah klein und alt aus, beugte sich wegen des schlechten Lichtes dicht über seine Arbeit. Einen Augenblick lang betrachtete Mattilda aufmerksam sein Gesicht, dann beschloß sie, sich zu ihm zu gesellen. Docia arbeitete tief in Gedanken versunken am Spinnrad. Sie fühlte sich Mattilda gegenüber frei genug, daß sie nicht das Gefühl hatte, dauernd etwas sagen zu müssen. Mattilda legte den Arm um die Schulter ihres Vaters, und er zog sie zu sich heran. »Guck dir das mal an, Schatz«, sagte er und zeigte auf Joes Karte. »Joe und Michael waren nur ein paar Meilen auseinander, als Michael starb. Ein Wunder, daß Joe nichts davon gehört hat.«

Mattilda lehnte sich aufgeregt vor. »Was meinst du, Papa? Bist du sicher?«

»Bestimmt. Hab die Briefe, die es beweisen.«

Sie schaute hoch auf Michaels Karte, die voller verwirrender Bleistift- und Tintenmarkierungen war. Bei Lewisburg war ein Stern; den Ort hatte Michael in seinem ersten Brief an sie erwähnt, das war der Beginn der Reise. Sie erinnerte sich an den Tag, als der Brief gekommen war, und an ihre Begeisterung, als sie erfuhr, daß er von Michael war. Von Lewisburg nach Meadow Bluff zur Höhe des Big Sewell.

Papa hatte einen Kreis gezogen, von dem ein Kranz von Strichen ausging wie bei einem Kinderbild von der Sonne, und das kennzeichnete das Big Sewell-Gebirge. Rückzug nach Meadow Bluff. Pfeile, die auf das mit Druckbuchstaben geschriebene Wort RÜCKZUG deuteten.

»Sie haben die ganze Aktion bei Carnifex Ferry verpaßt!« sagte ihr Vater verwundert, beinahe verärgert.

»Gott sei Dank! Gott sei Dank!« rief Mattilda. Sie wünschte, Bland junior hätte sie auch verpaßt. Er wäre jetzt noch am Leben und könnte vielleicht Sarah überzeugen, nach Hause zu kommen.

Unbeeindruckt machte ihr Vater weiter. Mattilda schaute ihm zu. Hier, hatte Michael geschrieben, hatte seine Kompanie darüber abgestimmt, ob sie mit General Wise oder mit Floyd marschieren sollten, und alle bis auf vierzehn hatten für Wise gestimmt, und sie waren aufgebrochen. Aber dann, am 22. September, hatte Michael voller Aufregung geschrieben, war General Lee durchs Lager geritten. Bland senior hatte einen kleinen Kasten gezeichnet:

General Lee, 22. 9. 61

General Lee entschied, daß General Floyd das Kommando behielt. Michaels Kompanie hatte im Norden des Hügels kampiert. *Im Norden des Hügels – wo?* hatte Papa mit kleinen Buchstaben geschrieben.

Am 28. September hatte Michael seinen ersten Brief von zu Hause erhalten, und Papa hatte das ordnungsgemäß notiert. Es war erstaunlich, denn sie hatten ihm viele Briefe geschrieben.

Reihen von kleinen Rechtecken stellten die Brustwehren in der Nähe der Berghöhe dar, die die Yankees hielten, und sie dachte an Michaels Arbeit dort, wie er half, sie zu bauen. An einer Seite hatte Papa einen zweiten Kasten gezeichnet:

Oberst Starke, 15. 11.

An diesem Tag hatte Oberst Starke Michaels Kompanie übernommen. Von dort begann der Marsch zur Greenbriar-Brücke nach Salem oder vom Bon Sacks-Depot zum Big Tunnel, hatte Michael geschrieben. Sie versuchte, sich den Tunnel vorzustellen. Von Sweetsprings zum Potses Creek im »Aligainey County«. Sie hatte über Michaels Orthographie gelacht und sich ihm gleich näher gefühlt, und Bland senior hatte Alleghany ausgestrichen und Michaels Schreibweise danebengeschrieben. Nach Newcastle. Nach Catabie gleich nördlich von Salem.

Am unteren Rand der Karte hatte Papa in sauberer Schrift die Frage eingetragen: *Was geschah in Salem im Dezember 1861?* Und dann gleich die Antwort: *Dezember 1861 – Marschbefehl nach S. Carolina.* Sie folgte der gepunkteten Linie nach South Carolina, wo sie kehrtmachte und nach Virginia zurückführte, und zwar zur

Brigade von Gen. Field

Williamsburg, Mai 1862. Michael hatte ihnen geschrieben, er hätte zwei Stunden auf dem Gelände der Eastern-Irrenanstalt beim William und Marty College in der Nähe von Fort Magruder verbracht. Michael hatte Witze darüber gerissen. Es wäre der richtige Ort für seine Kompanie. Der Krieg hatte sie soweit gebracht.

Zur Rechten standen die ominösen Worte: *Ende 1862 – Hauptmann Dormanns Kompanie wird bei Roanoke Island gefangengenommen.* Michael hatte ihnen von Gebetsstunden bei Hauptmann Dormans Kompanie erzählt, an denen er sich beteiligt hatte. Die Männer der beiden Kompanien hatten sich die Lebensmittel geteilt und waren sich nähergekommen.

30. Mai 1862. Gewittersturm, stand neben Richmond. Es war ein schrecklicher Sturm, hatte Michael geschrieben, der das Lager völlig überflutet hatte. Der Lehmboden war so aufgeweicht, daß er ihnen die Stiefel von den Füßen zog.

Dann kehrte Michaels Kompanie nach Westvirginia zurück, und um Princeton herum war die Karte mit einem Wirrwarr von Markierungen bedeckt, mit denen Papa versuchte, den Entscheidungen der Generäle auf die Spur zu kommen.

Mattilda dachte an Michaels Nagel, den sie in der Erde begraben hatte. Die Zeit, in der er den Nagel geschmiedet hatte, war eine andere gewesen, und sie war ein anderer Mensch gewesen. Sie klopfte ihrem Vater auf die Schulter, fühlte sich älter als er, beinahe wie seine Mutter. Sie kehrte zu ihrer Arbeit zurück.

Grandpa Hume und Bill kamen mit einer Schüssel voller Sommeräpfel zurück, was bedeutete, daß sie ihre Arbeit liegenlassen und essen konnten und daß ihre Mutter sich beschweren würde, weil sie alle viel zu lange aufblieben.

Und da kam sie auch schon. »Bland senior«, rief sie. »Du warst jetzt lange genug an den Karten. Meinst du, du kannst den Krieg gewinnen, wenn du die Karten studierst?«

Während sie sprach, rückten Papa und Bill, die sich in diesen Tagen sehr nahestanden, zusammen. Sie gehörten der neuen Reservekompanie der Gemeinde an, die aus Jungen unter siebzehn und älteren Männern bestand. Wie alt nun aber, wollte Papa nicht sagen. Sie liebten das Exerzieren, marschierten nebeneinander im Gleichschritt.

»Bald werden sie uns einberufen«, sagte ihr Vater laut. »Und das wird eine Verzweiflungsmaßnahme sein«, warnte er seine Frau, »das letzte Aufgebot.« Mama antwortete nicht, aber Mattilda konnte die Verzweiflung in ihren Augen kaum ertragen. Es war jedoch töricht, sich Sorgen zu machen. Diese Jungen und diese alten Männer würden sie niemals nehmen, im Leben nicht.

Docia ging nach Hause, und Mattilda ging zu Bett, beeilte sich, in ihr Zimmer zu kommen, denn sie mochte nicht durch die Diele hinüber zu Bland juniors Zimmer gucken. Nachts war es unheimlich, aber sie ging oft in Sarahs Zimmer, um Trost zu finden. Dann saß sie einfach da und erinnerte sich an Sarah, bis Tränen sie erleichterten. Drei Jahre schon ohne Sarah.

Unten hatte sie nie Angst, aber oben dachte sie an Tod und Sterben.

»Gute Nacht, mein Schatz«, sagte Grandpa Hume an ihrer Tür.

»Grandpa, ist Schwinden dasselbe wie Sterben?« Der Gedanke hatte sie schon eine ganze Weile beunruhigt.

»Oh, nein«, sagte er, ohne überrascht zu sein, daß sie nach so langer Zeit noch darüber nachdachte. »Schwinden ist nicht dasselbe wie Sterben. Das ist mehr ein Schrumpfen der Lebensgeister und ein Aufgeben.«

Mattilda war außerordentlich erleichtert. Sie schwand nicht dahin. Sie küßte seine Wange und drückte ihn fest zur guten Nacht.

Aber nachher, als sie im Bett lag, dachte sie daran, wie sich ihre Eltern verändert hatten, wie sie dahinzuschrumpfen schienen.

32. Kapitel

Ein Brief von Michaels Oberst riß Bland senior aus seiner Lethargie, wie es sonst nichts und niemand vermocht hätte. Der Oberst bekundete ihm sein tiefes Mitgefühl und sein Beileid, erklärte, daß Michael den Männern sehr fehle, daß Michael mit seinem Mut und seiner Fröhlichkeit eine der Hauptstützen des Oberst gewesen sei. Papa las den Brief hastig durch, hielt hier und da inne, um zu nicken, zuzustimmen, einige Passagen laut vorzulesen, wobei er sagte: »Seht ihr? Michael hat für sie genau das gleiche bedeutet wie für uns. Ein guter Junge.« Es erfüllte ihn mit Stolz, daß der Oberst Michael so richtig eingeschätzt hatte.

Aber der Brief ging weiter. Nachdem der Oberst sein Beileid ausgesprochen hatte, kam er zur Sache. Und auch hierbei waren ihm Papas vollkommene Aufmerksamkeit und uneingeschränkte Zustimmung sicher. Die Männer der Kompanie waren – rundheraus gesagt, schrieb der Oberst – am Verhungern. Es ging langsam, aber wenn der Feind sie nicht umbrachte, dann würde es gewiß der Hunger tun; es sei denn, die guten Leute aus Virginia gäben ihnen mehr Lebensmittel. Er sei sich bewußt, daß die New Place Farm den Konföderierten schon mehr als genug gegeben und verkauft hatte. Sie hätten als erste Bettdecken geschickt (ich habe eine davon gemacht, dachte Mattilda), hätten auf hunderterlei Art dem Staat in seinem Freiheitsstreben geholfen. Er würde nicht wagen, Wünsche anzumelden, aber sie brauchten dringend Lebensmittel, und gegen Herbst würde es wirklich kritisch werden.

Aber sie würden nichts zustande bringen, dachte Mattilda traurig, Grandpa Hume war nicht hier, um sie anzutreiben. Er war am Tag zuvor zu Sarah gefahren, um sie zu bitten, nach Hause zu kommen. Als ihr Vater den Brief fertiggelesen hatte, brannte er vor Eifer, war bereit, innerhalb von Minuten Lebensmittel herbeizuzaubern, ohne dabei die Monate vernachlässigter Arbeit zu bedenken. Er rief alle Erwachsenen der Farm zusammen, wobei er Mattilda die plötzliche Erkenntnis bescherte, daß sie in den Augen ihres Vaters erwachsen war. Sie trafen sich auf der Vordertreppe. Wie eine gehorsame Gemeinde saßen sie zusammen, um sich von ihm sagen zu lassen, was zu tun sei. Erst gingen alle zusammen hinüber zu den Lebensmittellagern, und Papa zuckte zusammen, als ihm klar wurde, wie die Dinge lagen.

Es war nichts da, was sie hätten geben können.

Als nächstes ließ er sich von Abram berichten, was von der Ernte zu erwarten sein würde. Das war ein bißchen besser, obwohl große Teile der Felder von Brombeerranken und Goldruten überwuchert waren. »Wir haben Weizen, den wir ernten können«, sagte Abram.

»Mehr als wir selber brauchen?« fragte Papa und wiegte gespannt den Kopf.

»Das kann ich nicht entscheiden«, sagte Abram. »Sie haben immer gesagt, wieviel wir zum Verkaufen und als Futter abzweigen können. Aber wenn wir den Gürtel enger schnallen, dann sollte eine Wagenladung übrigbleiben, wenn Sie das nicht für irgendwas anderes eintauschen wollen.«

»Also eine Wagenladung«, sagte Papa entschieden, wobei er Abrams Zaudern und Zögern völlig ignorierte und dessen Einschätzung als Realität betrachtete. »Und wie sieht's mit Mais aus?«

Abram schüttelte den Kopf. »Wir haben nicht viel gepflanzt, ich hab's Ihnen ja damals gesagt, aber Sie waren ja so mit Ihren Karten beschäftigt. Wir werden genug für die Leute hier haben, aber nichts für die Leute dort.«

»Wie steht's mit dem Saatgut für Zuckermais?« erkundigte sich Papa bei Luella.

»Genug für diese Farm und noch zwei mehr«, sagte Luella.

»Gut. Dann werden wir sofort auf jedem freien Feld Mais anpflanzen.«

»Mais pflanzen? Jetzt? So spät?« fragte Abram erschüttert. »Wer soll denn so spät im Jahr die ganze Arbeit machen?«

»Ich«, sagte Papa. »Und du. Mattilda. Tante Lu. Bill. Elizabeth. Clythie. Docia.« Er zeigte mit dem Zeigefinger auf jeden, dessen Name er nannte.

»Ich?« fragte Tante Lu. »O Gottogott! Was kann ich denn tun?«

Papa war wieder der alte, schnell und entschieden. »Du kümmerst dich um Clythies Kinder und schälst die Maiskolben und sortierst die Samen und schickst die Kinder mit dem Rest zu uns. Abram und Bill, ihr pflügt. Ihr fangt da drüben bei der Hecke an und pflügt so weit nach Nordwesten wie möglich, dann dreht ihr um und kommt zurück, wobei ihr einen breiten Streifen laßt, der später gepflügt werden kann. Versucht nicht, das ganze Feld zu pflügen, nur jeweils eine Furche fürs Pflanzen. Einer von euch beiden pflügt, und der andere zerkleinert die dicken Erdbrokken dahinter.«

»Eggen geht schneller«, unterbrach ihn Bill.

Sein Vater hielt inne, schaute Bill an. »Wie viele Ochsen haben wir, Bill?«

»Wie . . . Keinen.« Bill schien durcheinander, hatte sich noch nicht daran gewöhnt, daß Bland senior wieder das Kommando übernommen hatte. Mattilda war hingerissen von der Veränderung, hatte zum erstenmal seit Monaten ein gutes Gefühl in bezug auf ihren Vater.

»Wie viele Maultiere?«

»Eins.«

»Richtig. Also wird unser eines Maultier den Pflug durch das ganze verdammte Tal ziehen. Wann werden wir Zeit zum Eggen haben?« Er wartete ab, beobachtete Bills Augen, in denen langsam die Erkenntnis aufdämmerte, was für einen enormen Plan sein Vater da aufstellte.

»Also, wir lassen Dorothy und Luella hier. Sie werden sich um Haus und Küche kümmern, vielleicht sogar auch noch um den Garten und das Melken, wenn wir die Zeit dafür nicht übrig haben sollten.«

Mama stand auf, so entschieden wie Papa. »In Ordnung, Liebster«, sagte sie. Sie kam die Stufen hinunter, küßte ihn auf die Wange und ging dann mit Luella ins Haus.

Mattilda dankte ihrem Vater im stillen dafür, daß er sie beim Pflanzen mitmachen ließ. Es würde das erstemal sein, daß sie regelrechte Farmarbeit machte, abgesehen vom Schafescheren, und sie war ausgesprochen erpicht darauf. Ihr fiel auf, daß noch nicht einmal Docia irgendwelche Einwände hatte, für die Konföderierte Armee zu arbeiten, denn sie würde für Michaels Freunde arbeiten. Aber Docias Gesicht war verschlossen, unnahbar. Es ließ sich nicht beurteilen, was sie dachte.

Elizabeth, Docia und Mattilda würden rechen, die Körner aussäen, bewässern. Papa wollte sich darum kümmern, daß immer ein kleiner Wagen mit Wasserkrügen und einer Schöpfkelle für die Bewässerung der Aussaat bereitstand.

»Wir müssen bewässern«, sagte er. »Wir können nicht auf Regen warten.«

Innerhalb von Minuten nach Bland seniors letzten Anweisungen waren sie bereits hart bei der Arbeit, schleppten Geräte hinaus aufs Feld, zerhackten Eisenkraut. Niemand spielte, nicht einmal Clythies zwei kleine schwarze Kinder, die unter Tante Lus Anleitung ernsthaft die Samen sortierten und die guten Samen hinaus zu Elizabeth brachten.

Eine gerade Linie von rotbrauner Erde stieg die Hügel hinan bis zum Ende des gerodeten Teils der Farm, machte einen Bogen zurück, dazwischen ein Streifen mit Unkraut. Hin und her, hin und her, den ganzen Tag lang. Die kleine Gruppe frischgebackener Farmer folgte. Hinter ihnen kamen die spreizfüßigen Vögel, die sich über die Maden und Larven in der aufgebrochenen Erde hermachten.

Gegen Mittag tat Mattilda alles weh. Sie hatte die ganze Zeit den schweren Rechen über den holperigen Boden gezogen, und ihre Schultermuskeln waren schmerzhaft verkrampft. Elizabeth, die noch niemals draußen gearbeitet hatte, schuftete klaglos mit steinernem Gesicht, deshalb machte auch Mattilda weiter, zu stolz, um eine andere Arbeit zu erbitten oder eine Pause einzulegen. Sie war dankbar, als die Glocke zum Mittagessen erklang, steckte sofort einen Eisenkrautstock in die Erde, um zu markieren, wo das letzte Samenkorn ausgelegt war, und machte sich mit den anderen auf den Weg nach Hause.

Zum ersten Mal aßen sie alle zusammen am großen Küchentisch, weil weder Luella noch Clythie Zeit gehabt hatten, extra für die Schwarzen zu kochen. Docia schien es unangenehm zu sein, von Mattildas Mutter bedient zu werden, zuckte aber nur die Achseln und grinste sogar, als Dorothy Repass zu ihr sagte: »Oh, Docia, das Essen erreicht nicht die Qualität wie bei Luella. Ist es das?« Sie rüttelte freundlich an Docias Schulter.

So aßen sie zusammen und freuten sich aneinander, und Mattilda nahm das alles sehr bewußt wahr, denn es war für sie eine großartige Sache, gemeinsam mit Docia essen zu können. Sie zwinkerten sich über den Tisch hinweg zu, und beide schaufelten das Essen mit so großem Appetit in sich hinein wie früher Joe und Michael, die nie satt zu werden schienen. Niemand sprach außer Papa, der voller Aufregung ununterbrochen den Ertrag berechnete, den sie haben würden.

»Wenn die Saat überhaupt aufgeht«, murmelte Abram.

Papa verordnete eine halbe Stunde Ruhepause. Mattilda schlief auf der Verandaschaukel fest ein und mußte wachgerüttelt werden. Und wieder ging es los mit dem schweren Rechen, dem Bücken, Pflanzen, Bewässern, dem Strecken unter Stöhnen. Ohne Pause bis zur Dunkelheit. Clythies Kinder und Tante Lu waren schon nach kurzer Zeit mit dem Sortieren der Saatkörner fertig und waren von weiterer Arbeit befreit, aber alle anderen fuhren fort, bis die Glocke erneut läutete. Sie waren noch nicht einmal zum Haus gegangen, wenn sie auf den Abtritt mußten, denn der Wald war näher.

Mattilda war dankbar, daß es nach Hause bergab ging, sonst hätte sie es nie bis zum Eßtisch geschafft. Sie wusch sich kaum die Hände, setzte sich mit dreck- und schweißverschmiertem Gesicht an den Tisch. Ihr war schlecht, sie hatte das Gefühl, nicht essen zu können, aß dann aber doch mit wachsendem Appetit, war jedoch nicht mehr in der Lage, mit Docia zu scherzen, die ihr Kinn schon halb im Schlaf auf die Hände gestützt hatte. Sie aßen, stellten ihr Geschirr auf den Abwaschtisch, dankten Mama und Luella für die Mahlzeit, sagten gute Nacht und gingen zu Bett, noch bevor die Kardinalvögel zur Ruhe gekommen waren. Mattilda lag eine Minute lang wach und dachte, ihre Schmerzen und Blasen würden sie am Schlafen hindern; dann schlief sie. Noch vor der Morgendämmerung tippte Elizabeth ihr sanft auf die wunde Schulter, worauf sich Mattilda gleich aus dem Bett quälte, um zu frühstücken und wieder hinaus aufs Feld zu gehen.

Sie fing an, ihren Vater als Tyrann zu betrachten, aber nach einiger Zeit schaute sie voller Stolz auf die Felder mit den dunklen Furchen. Nach einer Woche waren sie soweit, diese Tage schwerer Arbeit »die Zeit, in der wir Mais pflanzten« zu nennen, als wäre es das einzige Mal gewesen, daß sie das getan hatten, wobei ihnen noch nicht so recht klar war, daß sich damit ihre Lebensart endgültig verändert hatte. In ihrer Familie hackten jetzt die Frauen den Mais.

33. Kapitel

August 1863

Den ganzen Sommer über pflegten sie den Mais, gingen mit Hacken durch die Reihen und auch mit Wassereimern, wenn es längere Zeit nicht geregnet hatte. Niemand brauchte morgens mehr gesagt zu bekommen, was er am Tag zu tun hatte, und es wurde zur Routine, aufs Feld zu gehen. Mattilda und Docia kümmerten sich außerdem um ihre Bienen und Schafe, und Abram und Bill hatten wieder das Melken übernommen. Es stand auf Messers Schneide, ob der Mais vor dem Frost reifen würde, obwohl niemand die überschwenglichen Voraussagen ihres Vaters anzweifelte – außer Abram, der sich bei der Beurteilung der Erntechancen vorsichtig zurückhielt.

»Vor dem 20. Oktober kommt kein Frost«, meinte Papa. »Das ist eine Regel.«

»Oha«, sagte Abram. »Das wird knapp.«

Schließlich lenkte Grandpa Hume seinen Karren geschickt vor die Veranda des Hauses. Mattilda sah ihn als erste. Sie stand am Brunnen, wo sie Wasser für die Farm pumpte – eine Arbeit, bei der kein Ende absehbar war. Also pumpte sie notgedrungen weiter; sie würde erst später mit ihrem Großvater sprechen können. In den alten Tagen war es eine einfache Sache gewesen, jeden Wasserkessel und dazu noch den Tank auf der Rampe an der alten Eiche zu füllen, indem sie ein Pferd an den Pumpschwengel banden und es immer im Kreis herumgehen ließen. Jetzt war jedoch Mulehead das Familienpferd, denn alle anderen waren zu den Princeton-Truppen abkommandiert worden, die sie dringend brauchten. Also blieben nur noch Grandpas Pferd Gray, das seinen Wagen zog, das Maultier für die Farmarbeit und Mulehead für alles andere. Und für jeden anderen. Mattilda akzeptierte das inzwischen, nur manchmal ließ sie ihre Bitterkeit darüber spüren, daß ihre Familie offenbar vergessen hatte, wie sie Mattilda wegen Mulehead früher alle geneckt hatten. Manchmal, wenn sich Mattilda nach den alten Zeiten sehnte, ging sie zur Koppel, sattelte Mulehead und ritt in vollem Galopp die Straße entlang, was heißen sollte: ›Dies ist mein Pferd, und ich bin immer noch das kleine Mädchen in der Familie, und alles ist so wie immer.‹ Das tat sie zu den geschäftigsten Zeiten, wenn Mulehead dringend gebraucht wurde. Aber ihre Familie schaute ihr nur kommentarlos zu. Sogar Bill, der zum Mann herangewachsen war, ließ sie gewähren.

Mattilda zog den Wasserwagen zur Veranda und sah

sich nach Grandpa Hume um, entdeckte ihn am Rand des langen, langen Maisfeldes zusammen mit Papa. Die beiden bogen die Stengel der Maispflanzen um und untersuchten die Spitzen, dann redeten sie. Papa gestikulierend, voller Stolz über die Arbeit, die seine Mannschaft geleistet hatte, und Grandpa Hume wiegte bewundernd den Kopf.

Schließlich rannte Mattilda zu Grandpa Hume, freute sich, wie ihre langen Röcke gegen ihre Beine klatschten. Grandpa Hume und sie umarmten sich und schaukelten hin und her, während seine kräftige alte Hand ihr fröhlich auf den Rücken klopfte.

Aber dann kam es. »Nein, Sarah wird nicht kommen«, sagte er, und seine klaren Augen hielten sie dabei fest. Er führte sie vom Haus weg, winkte Papa zur Seite.

»Die Kränkung, die sie empfindet, kann man einfach nicht beschreiben«, sagte er. »Sie ist wund und wütend, weil die Mörder von Jason niemals bestraft wurden. Und noch mehr verletzt es sie, daß ihre eigene Familie sich auf die Seite der Konföderierten geschlagen hat, nach alldem, was die ihr angetan haben.«

Mattildas Stimme zitterte. »Wird sie denn irgendwann wiederkommen? Wenn der Krieg vorbei ist?«

Er überlegte, schüttelte den Kopf. »Ich weiß nicht, Mattie. Ich bezweifle es. Ehrlich, mir scheint es hoffnungslos zu sein.« Er ließ ihr Zeit, diese bitteren Sätze aufzunehmen, dann fuhr er fort. »Ich habe eine Nachricht für dich von Sarah. Niemand sonst in der Familie darf etwas davon wissen. Und du sollst auch Docia nichts sagen.«

»Was? Was?« fragte Mattilda voller Aufregung, denn dies war das erstemal, daß sie ein Wort von Sarah zu hören bekam.

»Sie liebt dich, und du fehlst ihr. Und außerdem«, sagte er eilig, als er sah, wie bei Mattilda die Tränen aufstiegen und im Zickzack über ihre Wangen liefen, »noch was. Ihr Junge sieht wie Jason aus. Sie arbeitet bei der Bahn. Mattilda, ich hab ihr gesagt, sie soll es sich zweimal überlegen, bevor sie dir das ausrichten läßt«, sagte Grandpa, wobei er ihr einen besorgten Blick zuwarf. »Wehe, du sagst einer Menschenseele ein Wort davon.«

»Wieso? Was ist denn dabei?« fragte Mattilda. »Was ist denn daran so geheimnisvoll? Mama wäre es egal, ob sie arbeitet. Wovon soll sie denn sonst leben?«

Sie konnte Grandpa Humes Aufregung nicht verstehen. Dann kam ihr ein anderer Gedanke.

»Die Eisenbahn geht gar nicht bei Sarah lang«, sagte sie triumphierend. »Du nimmst mich auf den Arm. Und Frauen arbeiten nicht für die Eisenbahn.« Sie grinste ihn an. »Das ist ein Witz, stimmt's?«

Mattilda gab sich große Mühe, damit ihr Lächeln nicht umschlug, denn wenn das ein Witz war, dann war es ein schlechter. Das hieß nämlich auch, daß ihr Sarah nicht hatte ausrichten lassen, sie liebte und vermißte sie.

Der alte Mann schaute voller Liebe auf sie hinunter. »Nein, mein Kind, das ist kein Witz. Sie vertraut dir wirklich etwas sehr Wichtiges an. Sie sagte, daß sie sich an deine Einstellung erinnert hat, und sie möchte, daß nur du es erfährst und sonst keiner. Die Bahn ist ein Fluchtweg für Sklaven, um nach Norden zu kommen und dort frei zu leben. Eine unsichtbare Bahn.«

Mattilda konnte nicht sprechen, so bewegt war sie über diese Nachricht von Sarah. Sie räusperte sich mehrmals.

»Und wie macht sie das?«

»Sie stellt ihr Haus zur Verfügung. Sklaven und Freigelassene vertrauen Sarah gleichermaßen. Sie läßt sie wissen, wann sie kommen können, und benachrichtigt dann andere Sklaven im Süden. Die kommen sogar von ganz unten in Mississippi! Dann verstecken Sarah und ihre Freunde sie, damit sie sich etwas ausruhen können, verpflegen sie und kleiden sie ein, und dann schicken sie sie weiter nach Norden.«

Mattildas Herz war übervoll. Oh, sie war stolz auf Sarah. Das war typisch Sarah. Sie erinnerte sich an Sarahs bleiches, niedergeschlagenes Gesicht, nachdem Jason getötet worden war, und sie war dankbar, daß Sarah jetzt wieder wie früher war. Mattilda entschied, daß auch sie sich als Anhängerin der Union betrachten würde, so wie zu Beginn des Krieges.

»Du behältst das für dich?« Grandpa Hume war noch besorgt.

»Grandpa Hume«, sagte Mattilda leidenschaftlich, »niemand auf Gottes Erde könnte das aus mir herausbekommen.«

Die besorgten Falten auf seiner Stirn glätteten sich, und der scharfe Blick wurde milder. Er zog Mattilda dicht an sich heran, und sie gingen zum Haus. »Genau das hat sie auch gemeint«, sagte er freundlich.

Der neue Gedanke begleitete sie durch den nächsten Tag. Die Sicherheit, daß die Sarah von früher immer noch in dieser Welt lebte, gab ihr Kraft.

34. Kapitel

Oktober 1863

Alles geschah zur gleichen Zeit. Der Mais wurde gepflückt und auf Wagen verladen, damit die Männer des Obersts ihn abholen konnten. Und als sie vom Ernten und Verladen des Maises noch ganz erhitzt und verschwitzt waren, waren Bill und Papa schon bei der Heimwehr und übten mit den alten Männern und den Jungen, die bereit waren, Virginia zu verteidigen.

Und mitten in der Maisernte hatten Papa und Mama den Streit ihres Lebens. Die zornigen Worte flogen blitzschnell über den Hof bis zum Maisfeld, und Mattilda hörte genau wie alle anderen zu und wartete gespannt ab, wer gewinnen würde.

»Wie lautet die Vorschrift?« Mit dieser Frage unterbrach

ihre Mutter immer wieder das stetige Gebrüll ihres Vaters. »Nur das will ich wissen. Wie lautet die Vorschrift in bezug auf das Alter?«

Und Papa donnerte los und ließ sich endlos über Virginia aus, daß man gegen eine Übermacht streiten müsse, daß er nicht seine Söhne für sich kämpfen ließe, daß er sich nicht hinter seinem Alter verstecken wolle und so weiter.

Bis ihre Mutter schließlich sagte: »Bland senior, wenn du mir nicht die Altersgrenze sagst, dann werde ich mich bei dem Mann erkundigen, den der Oberst schickt – den Leutnant oder was immer der sein mag –, wo die Altersgrenze liegt, und dann ist es mir völlig egal, wer mir dabei zuhört.«

Die Stille zeigte den Zuhörern im Maisfeld, daß Mama eine weitere Schlacht gewonnen hatte. Daß seine Frau ihm vor allen Bewohnern der Farm und, schlimmer noch, vor den Truppen, die bald den Mais abholen kämen, vorwerfen könnte, bei der Altersangabe gelogen zu haben – das war zuviel für Papa. Viel zuviel.

Er hat wegen seines Alters ja nicht direkt gelogen, dachte Mattilda. Jeder wußte, daß er dreiundsechzig war. Es war eher so, daß er in jedem Gespräch die Zahl Fünfzig einfach überging, und die Männer seiner Kompanie hatten viel zuviel Respekt, um ihn zu fragen. Außerdem hielt er den Drill genauso gut durch wie sein Sohn.

Die Frage war kaum geklärt, als sie in der Ferne auf der Schotterstraße Räder rollen und viele Pferdehufe trappeln hörten, und alle Maispflücker arbeiteten wie besessen. Mattilda hielt nur kurz inne, um einen Blick auf ihre mit Blasen bedeckten, blutigen Hände zu werfen und sich zu überlegen, warum sie um Himmels willen für Sarahs Feinde arbeitete. Aber prompt erhielt sie die Antwort von ihrem zweiten Ich – weil es Michaels Freunde waren. Das reichte, um den Zwiespalt zu begründen.

Die Soldaten waren noch nicht in Sicht, als sie Dorothy Repass schreien hörten: »Bundestruppen! Unionisten! Alle zum Haus! Los, beeilt euch!«

Und im Augenblick der Verwirrung, bevor Mattilda

überhaupt verstand, was los war, strömten sechzig oder siebzig grimmig dreinschauende Männer in blauen Uniformen und mit staubbedeckten Bärten in den Hof und umstellten das Haus, so daß alle außer Mattildas Eltern und Tante Lu mit den beiden Kleinen unbewaffnet draußen auf dem Feld blieben.

Jeder Soldat trug ein Gewehr, das schußbereit nach oben gehalten wurde, und war, wie sich Mattilda klarmachte, durchaus bereit, das Gewehr auch zu benutzen. Sie hoffte, daß niemand etwas Unbedachtes tat.

»Beladet als nächstes diesen Wagen«, befahl ihnen ein vierschrötiger Feldwebel von seiner sicheren Position hoch oben auf dem Pferd. In stummem Gehorsam machten sie sich wieder an ihre Arbeit, wobei Mattilda mit Schrecken daran dachte, daß ihr Vater mit seinem Gewehr aus dem Haus kommen könnte.

Und da war er schon, mit Mama an seiner Seite. Die beiden gingen Hand in Hand wie ein junges Liebespaar, ihre Augen dunkel vor Zorn. Gott sei Dank trug er kein Gewehr.

»Sir, beschlagnahmen Sie diesen Mais?« fragte ihr Vater den Feldwebel.

»Ja, Sir«, antwortete der Feldwebel, der sein Gewicht verlagerte, um Vater ins Gesicht zu sehen, worauf sein Pferd unruhig tänzelte. »Ihr Land braucht diesen Mais für loyale Soldaten, und ich weiß, daß Sie es ihnen gönnen.«

Papa war klein, aber beharrlich. »Sir, dieser Mais wurde von Konföderierten für Konföderierte gepflanzt, und Sie stehlen ihn.« Er hielt inne. »Es sei denn, Sie wollen dafür bezahlen.« Das war eine letzte Hoffnung. Vielleicht könnten sie Michaels Kompanie mit Geld weiterhelfen.

Der Feldwebel lachte. »Aber natürlich werden wir dafür bezahlen, Sir.«

Er streckte den Arm aus und deutete auf einen anderen Soldaten. »Gib ihm eine Bescheinigung, auf der steht, daß ihm die Vereinigten Staaten die Schuld für diese Wagen mit Mais nach Beendigung des Krieges in konföderiertem Geld auszahlen werden.«

Mehr konnte Papa nicht tun. Mama und er sahen blaß und elend aus. So fühle ich mich auch, dachte Mattilda, als ob ich mich erbrechen müßte. Alles blieb still und ruhig, kein Kampf. Der Soldat schrieb eifrig die Bescheinigung, grinste, als er sie Papa aushändigte, lachte laut, als Papa sie las, zusammenknüllte und auf den Boden warf. Er wandte dem Feldwebel den Rücken zu, nahm wieder die Hand seiner Frau und ging zum Maisfeld. Kopfschüttelnd schaute er zu Bill hinüber, der vom Zorn übermannt wurde. »Ganz ruhig«, sagte Papa. »Wir können nichts machen. Schön ruhig.«

Mattilda wußte plötzlich, was er meinte. Schön ruhig. Pflückt nicht so schnell. Die Soldaten aus Princeton würden bald hier sein.

Befehle schwirrten herum. »Holt die Kühe, Schweine, Hühner, alles. Alles, was ihr findet. Holt die Lebensmittel aus dem Haus. Johnson und Springer, durchsucht das Haus nach Wertsachen. Vergeßt die kleinen Kammern nicht.«

Es war unglaublich, und Mattilda *konnte* es nicht glauben. Sie würden ihnen doch nicht alle Lebensmittel wegnehmen! Wie konnte man gegen so was ankämpfen?

Sie fing an, nur jeden zweiten Maiskolben zu pflücken. Die anderen würden sie später für sich selber pflücken. Sie ließ einen Kolben fallen, nahm ihn auf und warf ihn hinüber zu Docia in der nächsten Reihe. Sofort traten die beiden in dieselbe Reihe und pflückten Rücken an Rücken emsig weiter. »Laß welche aus, Docia.«

Docia brummte zustimmend. Mattilda warf einen schnellen Blick um sich. Niemand in der Nähe. Sie wandte sich zu Docia um.

»Siehst du? Und du willst mir erzählen, daß die Yankees dich nie schlecht behandeln würden? Die Yankees sind genauso verrückt wie die Konföderierten.«

Docias Lächeln war unsicher, als ob ihr Mund sich nicht entscheiden konnte, ob er sich zu einem Wutausbruch oder einem Lachen verziehen sollte.

»Beeilt euch«, schrie der Feldwebel. »Wir haben nicht viel Zeit.«

Plötzlich sagte eine tiefe Stimme in Mattildas Ohr: »Pflück alle Kolben, Mädchen.«

Es dauerte Minuten, bis sie sich von dem Schrecken erholt hatte. Sie pflückte ordentlich, ließ nichts mehr aus.

Eine Kuh muhte. Mattilda sah voller Entsetzen, daß die Soldaten die Milchkühe schlachteten und die Kadaver auf ihre Wagen luden. Soldaten kamen mit Decken, Jagdgewehren, Kleidern, Lebensmitteln aus dem Haus gerannt. Ein riesiges Durcheinander, das sich nie wieder ordnen läßt, dachte Mattilda verwirrt. Die Lebensmittel wanderten in die Wagen, die Kleider auf den Boden. Aus dem Windfang kamen Männer mit Schinken in der Hand.

Plötzlich quoll schwarzer Rauch aus der Tür zur Veranda, aus den Fenstern, und Mattildas Familie stand daneben, verfiel in völliges Schweigen, erlitt schließlich dasselbe Schicksal wie die Leute in Princeton. Mattilda roch Petroleum. Ihr Vater wollte zum Haus rennen.

»Nein, Sir«, rief der Feldwebel. »Bleiben Sie vom Haus weg.«

Kleine Flammen leckten vorsichtig aus den offenen Fenstern, wurden zusehends kräftiger. Innerhalb von einer Stunde hatte das Feuer das Haus übernommen, sich in ein tobendes Inferno verwandelt.

»O Mama«, weinte Mattilda. Sie ging zu ihrer Mutter und legte bekümmert die Arme um sie. Doch sie fand keinen Trost. Ihre Mutter stand starr wie ein Eiszapfen und schaute zu, wie ihr Heim in sich zusammenfiel. Papas Gesicht verzog sich wie das eines gereizten Babys. Mattilda konnte es nicht ertragen.

Grandpa Hume kam zu ihr, zog sie an sich heran und sagte: »Reiß dich zusammen.«

Sie schloß die Augen und sprach zu Gott: »Wenn du wirklich so gut bist, dann hilf uns jetzt. Hilf uns!«

Obwohl von Gott offensichtlich keine Hilfe kam, beruhigte sie sich, und sie versuchte herauszufinden, wie sie sich wehren konnten. Sie hob so viele reife Maiskörner auf wie möglich und stopfte sie in ihre Schürzentaschen, versteckte einige Kolben unter einem Stein.

»Was machst du, Schatz?« flüsterte Luella. »Von dem bißchen werden wir nicht satt.«

»Samen retten.«

Luellas Gesicht hellte sich auf. »O Gott, ja. Ich helf dir.« Dann wurde Luella auf einmal klar, daß sie damit gegen die Bundestruppen handelte. »Na ja, aber essen müssen wir doch, oder?«

»Na klar«, sagte Mattilda und arbeitete fleißig weiter, wobei sie dem am nächsten stehenden Soldaten immer wieder schnelle Blicke zuwarf. Sie schaute kein einziges Mal zum Haus zurück, aber das Bild der sechs Schornsteine, die einsam aus der brennenden Ruine ragten, blieb unauslöschlich in ihrem Gedächtnis. Unter ihren Tränen verschwammen die goldenen Narbenfäden der Maiskolben.

Neue Befehle schnellten heraus, abgehackt und sinnlos, und sie sah Soldaten das Maultier herausführen, Grandpa Humes Pferd und schließlich Mulehead. Es gab nichts, was sie darüber hätte hinwegtrösten können, sie hatte keine inneren Kraftreserven mehr. Alles konnte sie aufgeben. Jeden. Aber nicht Mulehead. Mulehead – das war sie als kleines Mädchen, das war die Verbindung zwischen dieser schmutzigen, halberwachsenen Frau, die in einem Maisfeld schwitzte, und dem unbekümmerten kleinen Mädchen, das noch nie den Namen Kanawha gehört hatte, außer als Name für einen Fluß oder vielleicht für einen Indianer. Mulehead hatte alle geheimen Wünsche und Ängste zu hören bekommen, von denen noch nicht einmal Docia etwas wußte. Mulehead bedeutete freie Tage auf den Weiden, schnelles Galoppieren auf der Straße.

Sie wünschte, sie hätte ein Gewehr. Sie würde den Mann, der Mulehead und Grandpa Humes Pferd zu den unruhigen Yankeepferden führte, erschießen. Sie würde schießen ohne Angst oder Schuldgefühle.

Die Scheune und die anderen Nebengebäude fingen an

zu brennen. Im selben Augenblick ritten fünf Reiter in einer Reihe durch den Gemüsegarten, wo Grünkohl, Rüben, Krauskohl und Zwiebeln in geraden, gut bearbeiteten Reihen heranwuchsen. Dazwischen prangten dicke Kürbisse unter den absterbenden Ranken. Die Pferde bäumten sich auf, zertrampelten das Gemüse, als wären sie an diese Arbeit gewöhnt und hätten Vergnügen daran. Ein Kürbis platzte auseinander und blieb an einem Huf hängen.

Und zum erstenmal meldete sich Abram zu Wort. »Nein, Sir, tun Sie das nicht, Sir.«

In diesem Augenblick war Abram weder schwarz noch Sklave oder frei. Er war Bauer, der hart gearbeitet hatte, und dieses Werk der Zerstörung ließ die Adern an seinen Schläfen schwellen und seine Hand eine Bewegung machen, als wollte er irgend etwas packen und es töten.

Der Soldat, der ihm am nächsten war, ein großer, schlaffer Kerl, hing wie ein nasser Lappen auf seinem Pferd. Unter seinen buschigen Augenbrauen blitzte kurz ein uninteressierter, unbeeindruckter Blick zu Abram hinüber, dann ließ er sein Pferd weiter durch die Reihen tänzeln.

Abrams Gesicht verzerrte sich vor Wut. Er packte eine Hacke und sprang auf den Mann zu.

»Nicht, Sir. Aufhören!« rief er.

Unbeteiligt, ohne Eile hob der große Soldat sein Gewehr und schoß. Der Schuß traf Abram mitten im Sprung, schleuderte ihn noch höher. Sein Schrei klang eher nach Protest als nach Schmerz. »He, he!« brüllte er.

Er fiel schreiend auf Hände und Knie, dann brach er zusammen, und all sein Blut strömte auf die Erde, die er verteidigen wollte.

Papa rannte zu Abram, riß sich das Hemd herunter und versuchte, das strömende Blut zu stillen, schließlich zog er Abram an sich heran und schaukelte ihn im Arm wie ein kleines Kind. Abram rührte sich nicht. Papas Tränen fielen auf ihn. Um seinen Mund arbeitete es. Neben Mattilda sank Luella weinend zu Boden.

Mama stand starr wie eine Eiskönigin, das Gesicht tödlich bleich. Sie schritt auf den Feldwebel zu, der eine vor Schreck reglose Henne unter dem Arm hielt.

»Sie haben uns vernichtet. Sie haben unseren Freund getötet. Er war ein freier Mann. Sollten Sie nicht eigentlich für ihn kämpfen? Sie haben uns das Essen und das Dach genommen. Aber mein Sohn starb, während er auf Ihrer Seite kämpfte. Mein Schwiegersohn wurde auf dem Weg zu Ihren Truppen umgebracht. Und bis heute, Feldwebel, habe ich mich als Anhängerin der Union betrachtet. Sind Sie zufrieden mit Ihrem Tagwerk?«

Der Feldwebel schien erschrocken, schloß einen Moment lang die Augen. »Lady, es tut mir leid. Ich hasse diese Arbeit. Aber wenn Sie die Rebellen beherbergen und ernähren, dann töten Sie uns damit.«

Beschämt schaute er auf die Henne unter seinem Arm. Er bückte sich, um sie freizulassen, und schaute ihr nach, wie sie empört gackernd davonflatterte.

»Lassen Sie uns ein Pferd zum Arbeiten«, sagte Mama in kaltem Zorn. Sie bat nicht. Sie forderte. Sie zeigte auf Mulehead. Er warf einen Blick auf Mulehead, nickte, reckte den Daumen zu dem Obergefreiten, der Mulehead abführte, brachte Mulehead herüber und legte die Zügel in Mamas Hände.

Mattilda spürte Erleichterung, dann aber auch Schuldgefühle, denn Abram lag tot in den Armen ihres Vaters, das Haus und die Scheune und die Räucherkammer lagen in Schutt und Asche, der Mais war weg, die Ernte ruiniert.

Die Blaujacken begannen langsam den Rückzug, richteten die Wagen aus, nach Süden. Süden! Jemand mußte die Salzwerke warnen. Denn plötzlich war Mattilda wieder zu einer Konföderierten geworden.

Mattilda schaute zur Straße nach Princeton. Immer noch kein Zeichen von Michaels Kompanie.

Plötzlich mündete all ihre Angst, ihre Sorge, ihr Kummer in Wut. »Verdammte Yankees«, schrie sie. »He, ihr verdammten Yankees. Ihr habt vergessen, die Klohäuschen anzuzünden!«

Nichts rührte sich in der langen Reihe der Männer auf den Pferden oder in den Wagen, doch plötzlich bückte sich im letzten Wagen ein Soldat und ließ zwei Schinken ins Gras rollen.

35. Kapitel

Dezember 1863

Mattilda hatte beim Einsetzen der Schindeln den Bogen schneller heraus als ihr Vater, und sie bewegte sich rasch über das schräge Dach, Reihe für Reihe, während er immer noch am Rand herumwerkelte. »Die hier passen nicht zu denen vom Hauptraum«, klagte er.

»Ist doch egal, Papa.«

Aus Baumstämmen hatten sie zwei zusätzliche Räume an die Schule angebaut, die aus einem großen Raum mit einer Küche dahinter bestanden hatte, so daß das Gebäude jetzt einen seltsamen, planlosen Anblick bot. Aber es war Platz für alle. Mattilda fühlte sich wohl bei ihrer Arbeit auf dem Dach, wo sie die Schindeln an ihren Platz schob und die Nägel mit jeweils zwei soliden Hammerschlägen einschlug. Die Nachbarn hatten die beiden Räume gebaut, ihnen aber das Dachdecken und die Innenverkleidung selbst überlassen (wenn sie jemals die entsprechenden Bretter bekommen würden). Es war viel Arbeit, denn Bill mühte sich allein mit der Landwirtschaft ab, und Grandpa Hume war von einer Art Lähmung befallen. Sein Verstand schien davon nicht betroffen zu sein, aber seine Hand folgte seinem Willen nicht, was ihn immer wieder überraschte. So blieben Mattilda und Papa für das Dachdecken. Sie hätte lieber Docia bei sich gehabt, denn mit ihr konnte sie perfekt zusammenarbeiten.

»Sie hätten für beide Räume einen Schornstein bauen sollen«, klagte ihr Vater. »Wie sollen wir dieses Gebäude heizen?«

Nie sagte er ›das Haus‹, nie ›unser Heim‹. Papa betrachtete das Schulhaus wie ein selbstgebautes Zelt auf dem Wabash-Lagerplatz, das ein paar Tage für den Erweckungsgottesdienst genutzt und dann wieder vergessen wurde. Sie glaubte wirklich, daß er vorhatte, New Place wieder aufzubauen. Nun, diese Auseinandersetzung hatte Zeit, bis es soweit war. Jetzt galt es, dieses Haus wasserdicht und bewohnbar zu machen.

Mattilda hatte beim Anbau mitgeholfen, und ob es nun vernünftig war oder nicht – sie liebte das Schulhaus, wie sie das große Haus nie geliebt hatte, obwohl sie nachts manchmal wach wurde, wenn Elizabeth hustete oder Marjorie sich im Schlaf hin- und herwarf. Dann sehnte sie sich nach ihrem eigenen Zimmer.

Aber diese leuchtenden, neuen, gut riechenden Schindeln hatten ihr Herz erobert. Es machte ihr nichts, daß ihr Kleid voller Schweiß und Staub war und daß ihr Vater so langsam arbeitete. Der Rhythmus ihrer Arbeit, die Geräusche – das Gegacker der Perlhühner und das Quietschen der Wasserpumpe – und die heiße Dezembersonne auf ihren Schultern, das alles vermittelte ihr ein Gefühl von Wohlbehagen. Sie hörte jemanden auf der Leiter. »Docia? Bist du das? Komm hoch. Wir brauchen Hilfe.«

»Ich bin nicht Docia«, sagte eine tiefe Stimme, »aber ich würde gern helfen.«

Mattilda fuhr zusammen, zog ihre Röcke herunter. Es war ein sehr junger Mann, nicht viel älter als sie selber, in einer neuen, selbstgeschneiderten Uniform. Ein hübscher, schwarzhaariger, rotbärtiger Junge mit klaren blauen Augen und dicken schwarzen Augenbrauen. Er kam ihr bekannt vor. Aber woher?

»Ich bin Daniel Durham«, sagte er und lehnte sich ans Dach. »Wir haben uns vor dem Krieg beim Erweckungsgottesdienst getroffen.«

»Oh, jetzt weiß ich. Sie sind ein blauäugiger Schotte. Hallo.« Mattilda fühlte sich unbehaglich wegen ihres schmutzigen Kleides. Und wahrscheinlich stank sie entsetzlich. Er betrachtete den Haufen Arbeit, den sie hinter sich gebracht hatte, und was trotzdem noch vor ihr lag. Es schien ihm peinlich zu sein, sie bei einer Männerarbeit zu überraschen.

Nach der Begrüßung, was sagte man dann? Es war nicht wie früher, als man zu lächeln und den jungen Mann nach Hause in den Salon einzuladen pflegte, um die Familie kennenzulernen, und dann nach dem Personal rief, damit jemand Erfrischungen brachte.

Sie hatte genau gewußt, wie sie ihre Rolle spielen mußte, hatte ihre Schwestern sorgfältig beobachtet. Aber jetzt konnte sie keine dieser Erfahrungen anwenden. Er wartete ab, seine Wangen waren rosarot.

Sie konnte wenigstens gute Manieren zeigen. Sie legte den Hammer zur Seite und streckte die Hand aus. »Ich hätte nie gedacht, daß ich mich je auf einem Dach sitzend mit Daniel Durham unterhalten würde.«

Er lachte und schüttelte ihr freundlich die Hand. »Das hätte ich mir auch nicht vorstellen können. Aber es ist sehr wichtig für mich, daß Sie hier sind, denn ich habe Ihnen ein Geschenk von Ihrem Bruder Joe mitgebracht.«

»Joe? Wo haben Sie ihn getroffen?«

»In Bland, als sie dort durchgekommen sind. Wir haben seine Kompanie mit unseren Gemeindevorräten ernährt, und er hat mir erzählt, daß euer Haus niedergebrannt wurde. Das hat mir wirklich leid getan. Er sagte, keiner von euch hätte auch nur eine Spiegelscherbe.« Er holte aus seiner Bluse einen schmalen, runden Spiegel, der wunderschön von weichem, dunklen Holz umrahmt war. Der Griff paßte in ihre Hand, als sei er extra für sie angefertigt.

»Oh«, sagte Mattilda. »Oh, oh.« Es war ein phantastisches Geschenk. Sie schaute sich im Spiegel an, wischte sich eine schmutzige Schweißspur von der Wange, strich ihr Haar zurück, war ganz durcheinander vor Freude und Scham.

»Ich sehe so schrecklich aus«, entschuldigte sie sich, während sie mit den Händen durchs Haar fuhr.

»Aber nein.« Er schaute ihr amüsiert zu.

»Das ist das erste Mal, daß ich mich selber sehe, seit das Haus abgebrannt ist, abgesehen vom Wassereimer.«

»Wäre ja eine Schande, diese schönen Augen nicht sehen zu können«, sagte er.

Na so was, er war gekommen, um ihr den Hof zu machen. Sie jubelte innerlich. Am liebsten hätte sie laut gebrüllt und es Mama erzählt.

»Danke – das ist sehr nett von Ihnen«, sagte sie.

Dann gab es nichts mehr zu sagen, aber die Stille war so schön wie das Gesumme der Bienen und das Zwitschern der Vögel, denn sie konnte an seinen schnellen, besorgten Blikken erkennen, daß er sich darüber Gedanken machte, wie er in ihren Augen wirkte, und daß ihm ihr Schweiß und Schmutz völlig egal waren.

»Mein Vater ist auf der anderen Seite«, sagte sie schließlich. Sie konnte schlecht sagen: »Du bist hübsch, du hast ein gutes Gesicht, ich mag dich.« Außerdem würde er von den Arbeitsgeräuschen her wissen, daß Papa dort war, traumversunken.

»Oh, dann werde ich ihn begrüßen.« Er stand auf, ging sicheren Fußes über die genagelten Spanten. Ach, er war groß geworden und sah gut aus. Sie hörte zu, wie er redete, betrachtete ihren Spiegel, versuchte, ihr Haar zu richten, schrubbte mit der Schleppe ihres Kleides den Schweiß aus dem Gesicht, glättete die Augenbrauen, knöpfte die oberen beiden Knöpfe zu, fest entschlossen, nicht nervös zu werden. Wartete. Er blieb so lange, daß sie schon dachte, er wäre vielleicht auf Papas Seite vom Dach gestiegen. Es gab vieles, was sie gern noch gesagt hätte. Aber in diesem Moment kam er zurück.

»Sie haben noch eine ganze Menge zu tun«, sagte er, während er den bereits gedeckten Teil des Daches musterte.

»Ja.« Sie meinte dann, erklären zu müssen, warum ihre Seite des Daches fast zur Hälfte fertig, auf der anderen aber gerade erst der Anfang getan war. »Der Krieg hat ihn verändert.«

Daniel nickte. Verständnisvoll. »Er war ein guter Mann. Ich habe ihn in sehr guter Erinnerung.« Sie bückte sich, um die aufsteigenden Tränen zu verbergen.

Aber sie mußte ihn wissen lassen, daß sie solche Arbeit eigentlich nicht gewöhnt war, daß sie dafür viel zu weiblich war und es nur tat, weil sie es mußte.

»Ich nehme an, das ist das am schlechtesten gedeckte Dach, das Sie je gesehen haben.« Sie lachte zu dieser abschätzigen Bemerkung.

Er betrachtete es genau. »Nein, ist es nicht. Ist sogar eins der besten. Ausgesprochen kunstvoll.«

Oh, sie mochte diesen Daniel Durham. Er akzeptierte sie so, wie sie war.

»Wenn Sie wollen, kann ich Ihnen bis zum frühen Abend helfen«, sagte er. »Wird ein langer Ritt nach Hause und dann bei Tagesanbruch wieder raus.«

»Was ist denn bei Tagesanbruch?«

»Meine Einheit macht eine Übung. Könnte sein, daß wir bei den Kings-Salzwerken eingesetzt werden.«

Ein Frösteln überkam Mattilda. Ihr Verstand warnte sie, ihn lieber nicht zu sehr in ihr Herz zu schließen, sonst würde der Krieg ihn ihr nehmen, so wie er ihr schon Jason, Sarah, Michael und Bland junior genommen hatte. Und Papa auch, fügte eine traurige Stimme hinzu.

»Tut mir leid, das zu hören«, sagte sie und nahm ihren Hammer auf.

»Mir gefällt das auch nicht«, sagte er. Offenbar besaß er nicht die gleiche Begeisterung und Kampfbereitschaft, wie ihre Brüder sie an den Tag legten. Der Glorienschein des Krieges hatte sich inzwischen in etwas sehr Häßliches verwandelt.

Er fing an, Schindeln zurechtzulegen, und sie sah, daß er den Hammer ihres Vaters hatte. »Ich hab ihm gesagt, er soll runtergehen und sich ausruhen, ich würde ihn solange vertreten.«

So arbeiteten sie den ganzen Nachmittag zusammen. Mattilda schaute gelegentlich zu ihm hinüber, um sich zu vergewissern, daß er wirklich da war, beobachtete die sicheren Bewegungen seiner knochigen Hände, fühlte sich gemocht, fühlte sich respektiert.

Einmal fing er ihren Blick auf, und sie lächelten. »Ihr Daddy hat gesagt, daß ich Sie beim ersten Erweckungsgottesdienst nach dem Krieg treffen darf. Wenn Sie nichts dagegen haben.«

Oh, Mama, ich habe eine Verabredung mit ihm, hätte sie am liebsten über den Dachrand hinausgesungen.

»Nein, das wär schön«, sagte sie. Ob sie von dem Glückssturm in ihr ein rotes Gesicht bekommen hatte?

»Und ich wollte fragen, ob Sie Lust hätten, mit mir zu korrespondieren.«

Sie nickte wortlos. Jetzt würde er ihre Krakelschrift kennenlernen, aber danach würde er sie nicht beurteilen, da war sie sich sicher.

Er schrieb seinen Namen und seine Adresse in sorgfältigen, perfekten kleinen Buchstaben auf ein Stück Papier, überhaupt nicht so, wie man es bei diesen riesigen Händen erwartet hätte. Sie betrachtete den Zettel, der ihr sofort ganz vertraut und lieb wurde. So also schrieb er.

Sie hatten fast die ganze Arbeit geschafft, und doch stieg Daniel voller Bedauern vom Dach. »Ich wünschte, ich hätte noch drei Stunden Zeit«, sagte er.

»Machen Sie sich keine Gedanken. Sie haben genug getan. Den Rest schaffe ich leicht.«

Er ließ sie allein die Leiter hinunterklettern, respektierte ihre Unabhängigkeit, und folgte ihr. Verabschiedete sich von der Familie. »Warten Sie nicht, bis ich geschrieben habe«, drängte er sie leise. »Ich schreibe, sobald ich kann. Und Sie auch, ja?«

Sie nickte, und er stieg auf sein Pferd und ritt davon.

Ohne ein Wort zu ihrer Familie, die sie amüsiert betrachtete, stürzte sie zum Klohäuschen. Bestimmt war Daniel, sobald er außer Sicht war, in den Wald gerannt. Vielleicht würde sie ihn eines Tages so gut kennen, daß sie ihn fragen konnte.

36. Kapitel

Januar 1864

Mattilda akzeptierte die Tatsache, daß Männer sich in einem Krieg gegenseitig töteten, daß Frauen beim Gebären starben, daß Großväter im Alter starben (nicht Grandpa Hume – der mußte unsterblich sein), aber sie begann sich zu fragen, ob Gott wirklich noch alles in der Hand hatte, als Marjories Baby zwei Monate zu früh geboren wurde und ihnen gleich wieder zu entgleiten drohte.

Die Geburt war leicht und schnell. Doch Mama brachte das nackte, ungewaschene Kind in höchster Sorge in den Hauptraum.

»Mach das Fenster auf, Matt.« Sie hielt den kleinen Körper an den Füßen, ihre Finger packten die Fesseln mit sicherem Griff. Das Baby hing herunter, ohne sich zu rühren, ein totes Gewicht. Beherzt klopfte ihm ihre Mutter aufs Gesäß, einmal, zweimal, schließlich dreimal, und dann kam der Schrei, jämmerlich und wimmernd, ohne Kraft, aber er reichte, um die Atmung in Gang zu bringen.

Ihre Mutter sagte bitter: »Ich fürchte, wir werden dich nicht bei uns behalten, kleines Fräulein.« Sie hielt das Baby einen Moment, küßte seine Wange, auf der eine krumme Spur trocknenden Blutes klebte, dann reichte sie es Mattilda.

»Die Nachgeburt ist noch nicht da, ich muß zu Marjorie«, sagte sie. »Docia und du, ihr müßt versuchen, das Baby zu retten.«

Das Baby hatte eine perfekte Gestalt, war ein rundes

Puppenbaby, aber tiefblaue Flecken bedeckten fast den ganzen Körper, und es war kleiner als jedes menschliche Wesen, daß Mattilda je zuvor gesehen hatte. Es strampelte und schrie schwach. Mattilda starrte fasziniert auf die abgebundene Nabelschnur, die so dick war wie das Armgelenk des Babys.

»Also, Mattilda, jetzt kommt's auf dich an. Hol Docia. Schürt das Feuer und haltet die Kleine so warm wie möglich. Nehmt heiße Ziegel und Handtücher und die irdene Wärmflasche. Aber vorsichtig, daß sie sich nicht verbrennt.« Die Befehle schossen knapp heraus.

»Ich muß zu Marjorie zurück.« An der Tür wandte sich Dorothy Repass um. »Mattilda! Los, beweg dich! Ruf Docia!« Sie hielt einen Moment inne. »Das Baby hat keine große Chance zu überleben, mein Schatz.«

Mattilda wurde plötzlich klar, daß ihre Mutter sie schonend vorbereiten wollte. Sie löste sich aus ihrer Starre, packte eine zusammengelegte Flickendecke und wickelte das Baby ein, während sie gleichzeitig durch das offene Fenster schrie: »Docia, komm her, schnell!«

Sie schlug das Fenster zu. Betrachtete das winzige Gesichtchen, das die Augen vor dieser Welt fest verschlossen hatte. Ein tiefer Atemzug, ein kleiner, langgezogener Schrei, Zittern.

Docia kam. »Arme kleine Seele«, sagte sie fachmännisch. »Sie wird bald tot sein.«

»Wird sie nicht!« schrie Mattilda. »Los jetzt. Füll heißes Wasser in die Wärmflasche. Dann hol Ziegelsteine und mach sie im Ofen heiß.« Während sie sprach, arbeitete sie in wilder Hast, schürte das Feuer so hoch, daß es den Schornstein und das ganze Haus gefährdete.

Docia kam mit dem Krug und einer Tasse mit warmem Zuckerwasser und dem Babylöffel. Ging sofort wieder los, um die Ziegelsteine zu erhitzen.

Tiefer Atemzug, langer Schrei. Zittern. Das Baby grapschte nach Mattildas Finger, kämpfte ums Überleben. Oh, süßes Baby, gib dir Mühe.

Es war immer noch nicht warm genug. Mattilda zog schnell ihr Kleid aus, warf es zur Seite, zerrte die Unterwäsche bis zur Taille hinunter, hielt das Baby an ihre eigene heiße Haut, wickelte dann die Decke um sie beide, setzte sich mit gekreuzten Beinen auf Indianerart aufs Bett. Dieses kleine Wesen war überwältigend.

Sie fing an, mit Gott zu handeln. »Wenn du sie leben läßt, vergebe ich dir den Krieg.«

Sie lauschte. Luftsaugen, schreien, zittern. Ihr eigener Körper fing an zu dampfen, und sie drückte das kleine Mädchen dicht an sich. Nach ein paar Minuten hörte das Schreien auf, und sie fühlte den Atem nicht mehr, obwohl ihre Nerven bis zum Zerreißen gespannt waren. Doch das Baby fühlte sich warm und lebendig an, also blieb sie still sitzen und wartete ab.

»Dies ist ein guter Zeitpunkt, um das Schwinden einzustellen«, sagte sie zu Gott und versuchte, die beängstigende Stille zu ignorieren.

Docia kam herein, sah das Kleid und schaute sie befremdet an. »Ich habe die heißen Ziegel. Wir machen ihr aus dem Korb eine Wiege und stellen sie dicht ans Feuer.«

»Noch nicht. Laß sie eine Weile schlafen, erst mal ein bißchen Kraft schöpfen.«

Mattilda war rundherum um das Baby, hüllte es ein und wiegte es. Bettete es wie im Schoß.

Docia saß auf dem Bett. »Bist du dir sicher, daß es ihr gutgeht?«

»Ja. Macht ihr erstes Nickerchen.«

Still zu sein war nicht gerade Docias Art, und sie redete über ihre Zukunft, darüber, daß sie studieren wollte, um Lehrerin für schwarze Kinder zu werden. Sie würde ihnen helfen, einen guten Start ins Leben zu bekommen. Mattildas Ohren hörten, aber all ihre Sinne konzentrierten sich auf den kleinen, warmen, regungslosen Körper.

»Kann sie richtig atmen?«

»Sicher. Ich habe bei ihrem Gesicht ein Luftloch gelassen.« Um es zu demonstrieren, hob sie die linke Hand hoch.

»Sie hat kein einziges Mal mehr geschrien«, bemerkte Docia, die unverwandt mit besorgtem Blick in Mattildas Gesicht schaute. Sie macht sich Sorgen um mich, wurde Mattilda klar. Denkt, daß ich verrückt bin.

»Dieses Baby ist nicht tot, Docia. Es schläft und ist ganz warm.«

Docia ging plötzlich aus dem Zimmer, und Mattilda war froh darüber. Aber sofort kam Docia mit Mama zurück.

»Könnte es sein, daß das Baby tot ist, mein Schatz?« fragte ihre Mutter. Unverblümt. Kein Zögern und Zaudern.

»Nein, Ma'am«, sagte Mattilda entschieden. »Es ist warm und fühlt sich sehr lebendig an.« Aber Mattilda durchzuckte ein ähnlicher Schrecken wie damals in den Tagen nach Jasons Tod. Gott, das würde ich dir nie vergeben.

»Bewegt sie sich?«

»Nein.«

»Dann gib sie mir. Marjorie ist jetzt soweit. Vielleicht kann sie sie ein bißchen stillen.«

Mattilda mußte gegen ihr Widerstreben ankämpfen. Es war Marjories Baby, nicht ihres. Aber ob sich das Kind überhaupt noch regte? Sie hatte Angst davor, es herauszufinden. Sie schwang die Füße auf den Boden, schlug die Flickendecke auf, tastete sich zu dem Baby vor und hob es dann mit der Decke hoch. Spürte den plötzlichen Schrekken, hörte wieder das Schreien, lauter und kräftiger.

Docia und Mama fiel ein Stein vom Herzen, und sie lachten laut.

Ohne sich darum zu kümmern, daß sie bis zur Taille nackt war, brachte Mattilda das kleine Mädchen zu Marjorie.

Das Schwinden schien langsam nachzulassen, hatte vielleicht sogar aufgehört.

»Ich vergebe dir«, sagte sie zur Zimmerdecke.

Sie mußte noch heute abend einen Brief an Daniel schreiben. Gute Nachrichten, würde sie schreiben. Marjories Baby ist zu früh geboren, und ich habe geholfen, es am Leben zu erhalten.

37. Kapitel

Juli 1864

Dorothy Repass stritt nicht mehr mit Bland senior, egal wie sehr er sie reizte. Er schwadronierte und gestikulierte; sie murmelte beruhigende Antworten. Der Gang zur Kirche verlief jetzt immer so.

Mattilda und Docia liefen voran, weil sie aus dem Sprühregen in die trockene Kirche wollten; nach ihnen kamen Mattildas Eltern. Grandpa Hume und Elizabeth hinkten hinterher. Luella war zu Hause, sie brauchte eine Ruhepause nötiger als den Gottesdienst, und Marjorie blieb beim Baby. Wie immer, wenn sie von zu Hause wegging, hatte Mattilda das Gefühl, daß sie an einer langen Leine hing, die mit jedem Schritt länger und dünner wurde, aber nie auseinanderriß, so daß sie nie vergessen konnte, was sie zurückgelassen hatte. Das Band, das sie heute hielt, war der Gedanke an das Baby – Annie –, das einfach zu süß war, als daß man es auch nur eine Minute hätte allein lassen können. Sie erinnerte sich immer wieder daran, wie die kleine Annie in ihren Armen gelegen hatte. So winzig, so voller Neugierde, so überrascht, wenn ihr eines Bein plötzlich strampelte, so empört und wütend, wenn ihr nicht sofort Aufmerksamkeit zuteil wurde. Mattilda konnte sich nie satt sehen an ihr. Docia und sie liefen schweigend, hingen ihren eigenen Gedanken nach.

Hinter ihnen schwoll Papas Stimme an.

»Wir schlagen sie. Du wirst schon sehen. Wir haben sie ja jetzt schon zum Laufen gebracht.« Er klang ärgerlich.

Mama antwortete nicht.

Mattilda warf einen Blick zurück. Die eine Gesichtshälfte ihres Vaters hing herunter, ein Auge wölbte sich mit leerem Blick etwas heraus. Ein Arm schnitt mit jedem Wort durch die Luft, und der andere hing unbeweglich herunter. Papa hinkte, sah aus wie sein eigener Geist. Immer noch trug er seinen besten Anzug, der jetzt zerknittert um ihn herum schlotterte. Mattilda dachte plötzlich an ihren Webstuhl und das schöne Tuch, das sie für seinen nächsten Anzug gewebt hatte. Vor dem Feuer. Es war nie Zeit gewesen, daraus einen Anzug zu machen. Sie seufzte. Wann würden sie je wieder einen Webstuhl bekommen?

Von dort, wo sie jetzt wohnten, war der Weg zur Kirche weit. Früher, als die Entfernung noch kurz war, hatte sie immer zu Fuß gehen wollen, und Mama hatte gesagt: »Nein, die Familie fährt zusammen im Wagen.« Aber jetzt hatten sie nur noch den alten Mulehead zum Einspannen und nichts als einen offenen Wagen, der für den Transport von Dünger und Stroh benutzt wurde. Da schien es angemessener, zu Fuß zu gehen.

Jetzt kamen sie am alten Haus vorbei. Die Schornsteine standen noch und hielten Wache über der Verwüstung. Üppige Weinranken verdeckten gnädigerweise die schlimmsten der schwarzen Narben.

Dort stand der Hortensienbusch, den sie von Grandpa Humes Haus mitgebracht hatten, als Mattilda geboren wurde. Morgen würde sie mit der Schubkarre kommen und ihn umpflanzen. Ganz bestimmt.

»Die waren nicht dumm!« rief plötzlich ihr Vater. »Sie wußten, wo sie hin mußten.«

Mattilda drehte sich um. Papa stand in der Mitte der Straße und deutete auf die Ruinen.

»Ja«, stimmte Mama sanft zu. »Sie wußten auch, wann sie kommen mußten. Kamen genau zur Erntezeit. Ich hab schon überlegt, ob sie vielleicht die ganze Zeit gewußt haben, was wir planten. Vielleicht haben sie uns sogar durch ein Fernrohr von den Bergen aus beobachtet.« Sie nahm den Arm ihres Mannes, um ihn von den Ruinen wegzuziehen. Er riß sich los.

»Erntezeit!« sagte er verstimmt. »Die Ernte war ihnen nicht wichtig. Sie waren auf die Karten aus. Sie wollten meine Kriegskarten. Haben meine Karten verbrannt, verdammt noch mal.« Seine rechte Hand schnitt durch die Luft.

Mattilda wandte sich ab, ihr war übel. Oh, kleiner Papa.

»Stimmt das etwa nicht, Grandpa Hume? Ging es nicht um die Karten?« dröhnte er.

»Das stimmt, Bland senior. Karten sind wichtig«, sagte Grandpa Hume.

Das beschwichtigte ihren Vater, er ging weiter.

Erleichterung. Streit vermieden. Es wurden wieder leise Gespräche aufgenommen.

»Docia, du hast noch kein einziges Wort gesagt. Woran denkst du?«

»An die Kirche.«

»Was ist damit?«

Docia warf Mattilda einen forschenden Blick zu. »Ich glaube, Matt, du steckst wegen Daniel Durham mit dem Kopf so hoch in den Wolken, daß du überhaupt nicht mehr merkst, was sich direkt vor deiner Nase abspielt.«

Das stimmte, und sie machte auch gar nicht den Versuch, es zu leugnen. »Was ist mit der Kirche?«

»Ein Gefühl, das ich in der Kirche kriege. So als ob die weißen Leute uns Schwarzen die Schuld an dem Krieg in die Schuhe schieben wollen. Hast du das nicht gemerkt? Wir werden an den Rand gedrängt. Das mußt du doch gesehen haben.«

Mattilda schüttelte verblüfft den Kopf. »Nein, wirklich. Ich habe nichts gemerkt.«

»Aber du hast doch gesehen, daß die schwarzen Gesichter hinten in der Kirche waren und die weißen vorne.«

»Mattilda, du sollst gefälligst zusammen mit deiner Familie zur Kirche gehen«, dröhnte Bland senior plötzlich.

Mattilda tat, was er sagte, schaute dabei Docia an, die ihre Schultern hochzog und vorsichtig das Gesicht verzog, als wollte sie im stillen sagen: Da hast du's!

»Komm, wir bleiben ein Stück zurück, damit er aufhört«, drängte Mattilda. Hilf mir, Frieden zu bewahren, hieß das. Aber Docia senkte den Blick, wie sie in letzter Zeit immer ihre Gedanken zu verbergen pflegte. Sie schüttelte den Kopf, ging schneller, löste sich vollständig von dem Rest der Gruppe.

Mattilda wartete, bis ihre Eltern aufschlossen. Sie versuchte, möglichst nichts zu empfinden, versuchte sich einzureden: Nun gut, Docia geht vor, sie will eben als erste in der Kirche sein. Versuchte, sich das nicht unter die Haut gehen zu lassen. Docia, meine Freundin. Konnte dem langsam in ihrer Brust anschwellenden Zorn nicht widerstehen, konnte die Tränen nicht zurückhalten, die den flinken Augen ihrer Mutter ihren Schmerz enthüllen würden. Sie lief den Rest des Weges kurz vor ihrem Vater, der offenbar soweit zufrieden war, daß er still blieb.

In der Kirche blickte sie sich schnell um. Erster Eindruck: hier und dort ein Fächer, der in stetigem Rhythmus wedelte. Zweiter Eindruck: die hinteren Reihen voller Schwarzer, im übrigen Teil der Kirche verstreut sitzende Weiße.

Docia saß allein in der vierten Reihe von hinten, sonst war die Bank leer. Sie schaute nicht auf, als die Repasses hereinkamen. Mattilda zögerte. Wußte, daß sie weiter nach vorne gehen sollte, wo ihre Familie immer saß. Blieb bei Docias Bank stehen, bis ihre Eltern vorüber waren. Stand immer noch dort, als Grandpa Hume und Elizabeth aufschlossen, sie prüfend ansahen und dann vorbeigingen. Blieb immer noch stehen, obwohl alle Gespräche in der Kirche verstummt waren und jetzt als einzige Laute nur noch das Wedeln der Fächer und das glückliche Glucksen eines Babys zu hören waren.

Blieb immer noch stehen, als sie deutlich spürte, wie bei den Schwarzen die Angst wuchs, wie sie hofften, daß Mattilda nicht irgend etwas auslösen würde. Docia blickte voller Furcht auf, und Mama drehte sich mit sorgenvollem Gesicht zu ihr um.

Es war nicht richtig.

Blieb immer noch stehen, als Papa aufstand, sich zu ihr wandte und mit dem Finger auf sie zeigte: »Komm hierher zu deiner Familie.«

Jetzt hielten die Fächer still.

Es war nicht richtig. Der alte Bland senior würde das niemals gesagt haben. Der alte Bland senior war ihr Vater, nicht dieser arme, wirre, dahinschwindende Mann.

Wortlos setzte sie sich neben Docia.

Ihre Entscheidung erlöste sie nicht von der Qual, denn jetzt hatte sie das Gefühl, daß ihre Familie und sie Meilen voneinander entfernt waren.

»Mattilda«, sagte Papa.

Dann stand Mama auf, zupfte ihn am Ärmel. »Laß sie doch. Hörst du? Laß sie.« Er brummte, wankte unschlüssig hin und her, flüsterte vor sich hin und setzte sich.

Grandpa Hume drehte sich um, lächelte und tippte grüßend mit zwei Fingern an seine Augenbrauen. Als Docia und sie gemeinsam vom Liederbuch sangen, ließen Mattildas Pein und Furcht langsam nach.

Daniel Durham, wie würdest du das sehen? dachte sie. Würdest du verstehen, warum ich neben meiner Freundin sitzen muß, sogar dann, wenn die Leute so tun, als sei das falsch? Sie hoffte es wirklich, denn egal, wie er es sah, sie mußte das tun, was sie selbst für richtig hielt, genau wie es Sarah getan hatte. Die plötzliche Erinnerung an Sarah gab ihr Halt und beruhigte sie.

38. Kapitel

Kings-Salzwerke
5. Oktober 1864

Liebe Miss Repass,

mein Besuch bei Ihnen hoch oben auf dem Dach erscheint mir jetzt wie ein glücklicher Traum aus einer fernen Vergangenheit. Ich kann kaum glauben, daß es wirklich geschah, aber ich halte die Erinnerung so lange wach, wie ich kann.

In den letzten Tagen ist viel geschehen. General Burbridge kam mit Tausenden von Männern aus Kentucky, um bei uns die Eisenbahnlinie zu unterbrechen und die Salzwerke zu zerstören. Ich floh vor ihnen her und versuchte, meine Kompanie zu erreichen, und ich muß gestehen, daß ich vor Angst fast gestorben bin. Oberst Giltners Kavallerie beschäftigte die Yankees so lange, bis die Reservetruppe Stellung bezogen hatte. Am 2. Oktober haben wir bei der Saunders-Farm – die ich Ihnen gerne irgendwann einmal zeigen würde – die volle Wucht des Angriffs zu spüren bekommen. Danach nannte uns keiner mehr abschätzig alte Männer und kleine Jungs. Es hat uns schwer erwischt, mehrere wurden getötet, und wir wurden zurückgedrängt, aber wir hielten durch, bis Hilfe eintraf. Und dann wurde Burbridge vertrieben. Als letztes haben wir gehört, daß Oberst Giltner ihn immer noch jagt.

Krieg ist sogar noch schlimmer, als ich gedacht hatte. Es würde Ihr Herz brechen, wenn Sie hören müßten, wie die Männer schreien, und sehen müßten, wie sie sterben. Mehr möchte ich über dieses schreckliche Thema nicht sagen.

(Und was ist mit dir, Daniel? Oh, mein guter Freund, nimm dich in acht!)

Ich habe alles unversehrt überstanden bis auf eine Schramme, die sich über meine ganze linke Wange zieht, und ich kann mich nicht einmal daran erinnern, wie es dazu gekommen ist. Ich danke dem Herrn für diese Gnade.

(Ein inbrünstiges AMEN dazu!)

Ich traf einen Freund Ihrer Familie, einen älteren Burschen, ein Mr. Ray Beard. Hat erzählt, er habe die ganze Zeit über im Süden gekämpft und habe seit Beginn des Krieges niemanden von Ihrer Familie gesehen. Hab ihm die Neuigkeiten von Ihrer Familie erzählt und auch, daß Sie eine kleine Schönheit sind. Und er sagte: »O ja, wirklich? Vielleicht kann ich der Familie einen Besuch abstatten, wenn ich dorthin kommen sollte.«

(Ihr schwamm es vor den Augen. Übelkeit. Daniel lieferte sie ihrem ärgsten Feind aus!)

Mr. Beard ist jetzt Getreidehändler und versucht, unsere Truppen zu ernähren.

(Getreidedieb ist wahrscheinlicher.)

Ich sagte ihm, daß ich Ihnen gegenüber ernsthafte Absichten hege und daß er es nicht wagen sollte, Ihnen hinter meinem Rücken schöne Augen zu machen.

(Ernsthafte Absichten! Mama sollte diesen Brief lieber nicht lesen. Allerdings ging sie schließlich schon auf die sechzehn zu, und viele der Mädchen hatten in dem Alter längst Kavaliere.)

Möge der Herr Sie und Ihre Lieben beschützen.

Mit respektvollem Gruß
Ihr Daniel Durham

PS: Die Bundestruppen hatten ein Kavallerieregiment, das nur aus Negern bestand, und sie haben tapfer gekämpft. Sie waren nicht so wie die Neger, die ich gekannt habe, die wären niemals so mutig in die Gefahr hineingeritten wie die – die klebten regelrecht auf dem Rücken ihrer Pferde.

(Lucas hätte es getan. Und Abram. Docia auch. Und Docia würde dir über das Wort ›Neger‹ einiges beizubringen haben.)

PS: Meine Mutter wird Ihnen bald eine Einladung schicken, uns während der Weihnachtszeit zu Hause zu besuchen, und ich habe schon Urlaub angemeldet vom 20. bis 26. Dezember. Wenn ich einen Tag für den Hin- und einen Tag für den Rückweg rechne, bleiben mir fünf wundervolle Tage, um Ihre nähere Bekanntschaft machen zu können. Bitte bleiben Sie lange genug, um meine Familie besser kennenzulernen. Sie wissen, unsere Eltern sind schon seit Jahren gute Freunde, und es wird langsam Zeit, daß auch ihre Kinder Freunde werden.

(Mama würde sie nie gehen lassen. Du bist zu jung dafür, würde sie sagen.)

39. Kapitel

Es ist schwer, Briefe an einen Mann zu schreiben. Du willst so erwachsen wie möglich klingen, mußt aber gleichzeitig die engen Fesseln erklären, mit denen deine Mutter dich hält, ohne daß es dir etwas auszumachen scheint. Wie anfangen?

Mattilda las Daniels Briefe, las sie und las sie, bis seine Handschrift und seine Worte sich in ihr Gedächtnis eingegraben hatten, und doch konnte sie nicht genug davon bekommen. Jetzt faltete sie die Briefe erneut auseinander und las sie. Ihre Erinnerung an ihn war nur lückenhaft, obwohl gelegentlich Bilder der Erinnerung aufflackerten, ganz plötzlich, die ihr Herz einen Sprung machen ließen. Aber die Briefe waren zu Daniel geworden. Er räsonierte über den Krieg und haderte mit ihm, fühlte sich mal heroisch und mal ängstlich, und alles gestand er ihr.

Das gefiel ihr an ihm, und sie sehnte sich danach, ihn zu sehen; sie dachte den ganzen Tag an ihn. Ohne daß sie es beabsichtigt hätte, beschäftigte sie sich in Gedanken ständig mit den Worten, Sätzen, Gedanken, die sie ihm im nächsten Brief mitteilen würde. Doch jetzt, da sie mit Feder und Papier am Tisch saß und alles zum Schreiben bereit war, waren die schwungvollen, lieben Worte verschwunden, und ihr blieben lediglich einfache, hölzern klingende Sätze, denen er entnehmen mußte, was für eine Landpomeranze sie war.

Und außerdem mußte sie fröhlich schreiben, ganz egal was, denn ein kämpfender Soldat hatte schon genug zu ertragen, auch ohne daß sie ihm noch etwas aufbürdete.

Lieber Mr. Durham,

(Mein lieber Freund Daniel)

es wäre mir eine sehr große Erleichterung zu erfahren, daß Sie in bester seelischer Verfassung und bei bester Gesundheit sind.

(Ich hoffe, du bist nicht verwundet. Ich hoffe, du hast nicht solche Angst, wie ich sie andauernd habe.)

Meine Familie ist bei bester Gesundheit und sendet Ihnen herzliche Grüße.

(Papa findet sich in dieser Welt nicht mehr zurecht. Mama ist barsch geworden. Ich kann sie verstehen, und ich wünschte, ich könnte ihr die Sorgen nehmen.)

Grandpa Hume ist in sein Haus zurückgekehrt. In seinem eigenen Schlafzimmer wird er sich wohler fühlen. Meine Tante wird gut für ihn sorgen.

(Grandpa Hume könnte nicht so beengt wie wir leben. Aber mit ihm habe ich meinen besten Freund verloren, abgesehen von Docia und dir vielleicht. Grandpa Humes Hand zittert die ganze Zeit, und er verschüttet dauernd etwas, aber wir lachen zusammen, und er macht mir Mut. Wie soll ich die nächsten Schicksalsschläge ohne ihn überstehen? Mama macht sich Sorgen um ihn und sagt, sie hoffe bloß, daß Tante Ellie sich darum kümmert, daß er ißt.)

Ich will Sie noch einmal vor Ray Beard warnen, für den Fall, daß er je in Ihr Lager zurückkommt. Wir sind uns sehr sicher, daß er zusammen mit einigen anderen Verrätern Jason getötet hat, aber sie entgingen der Anklage, indem sie der Konföderierten Armee unten im Süden beigetreten sind, und ich nehme an, daß sie dort als Helden gelten. Er ist der erste, der es wagt, nach Virginia zurückzukehren.

(Ich werde Ray Beard nie vergeben. Ich hasse ihn bis zu dem Tag, an dem ich sterbe. Und ich habe Angst vor ihm. Welcher Mann wäre hier, um dieses Haus vor ihm zu schützen, falls er zurückkäme?)

Einige Kriegsveteranen der Konföderierten sind wieder zu Hause, verwundet oder krank, und sind unsere Familie besuchen gekommen. Es war ein Schock für sie zu sehen, wie wir jetzt leben, und sie waren voller Mitgefühl.

(Denk bloß nicht, Daniel Durham, daß du der einzige Mann in meinem Leben bist. Falls du zu dem Schluß kommen solltest, mich nicht zu mögen, gibt es noch andere.)

Es tut mir so leid zu hören, daß Ihre Nahrungsmittel so knapp sind. Vielleicht haben Sie inzwischen ja plündern können

(Was soll das heißen, Nahrungsmittel plündern?)

Ich vertraue darauf, daß der Herr Sie schützen wird.

Wir machen uns Sorgen um meinen Bruder Joe, der wieder bei seiner alten Kompanie in der Nähe von Winchester ist. Es heißt, dort gebe es auf jeden Konföderierten fünf Bundessoldaten. Aber wer kann schon Gerüchten glauben? Die beiden Jungen der Runyons sind tot, und die Kämpfe werden immer heftiger.

(Mama ist krank vor Sorgen.)

Wir beten jeden Abend für Joe.

(Ich bete für dich.)

Mit herzlichsten Grüßen

(Ich glaube, ich liebe dich. Nicht einmal Docia neckt mich deinetwegen, weil ich die Tränen nicht zurückhalten kann. Ich liebe dich, da bin ich ziemlich sicher.)

Ihre Mattilda Repass (Mattie)

PS: Es hat keinen Sinn, die schlechten Nachrichten zurückzuhalten, denn Sie werden es früher oder später ja doch erfahren. Bill ist mit unserer Reservetruppe aufgebrochen, um Richmond zu verteidigen.

(Papa hat das überhaupt nicht gemerkt.)

40. Kapitel

Daniels Besuch kam für Mattilda genauso überraschend wie beim erstenmal. Plötzlich stand er vor der Eingangstür, was Mattilda ausgesprochen peinlich war, denn nun mußte sie ihn in die Küchen-, Wohn- und Eßstube einladen und ihn mit eigenen Augen sehen lassen, wie sie hausten.

Sie hatte gerade voller Schwung am Butterfaß gearbeitet – wollte das Buttern schnell hinter sich bringen, um etwas Interessanteres tun zu können –, als sie vor der Tür schwere Schritte hörte. Wer konnte das sein? Grandpa Hume? Bill, zurück aus dem Krieg? Ein Nachbar? Sie öffnete die Tür, schaute Daniel direkt ins Gesicht, in seine blauen Augen, die sie wieder so faszinierten, und lachte über seine Faust, die er immer noch zum Klopfen erhoben hielt, und über seinen offenstehenden Mund.

»Daniel! Mr. Durham!« Dieses Mal hatte sie so viel Verstand, ihm gleich die Hand entgegenzustrecken, und er nahm sie. Wie ein Idiot stand er vor ihr, wortlos nickend und grinsend. Er sah müde aus und staubig. Seine Hand war größer, als sie sie in Erinnerung hatte, hart wie Holz. Oh, er war groß. Und gut sah er aus. Sie holte ihn ins Haus und sagte zu ihrer Mutter am Herd und zu Marjorie, die das Baby auf dem Arm hatte, und zu Elizabeth, die am Tisch nähte: »Mama, Schwestern – Daniel Durham ist hier.« Und bat insgeheim: Macht euch nicht über uns lustig. Respektiert ihn.

Immer noch sagte er kein Wort.

»Ja, Daniel! Das ist aber eine Freude! Kommen Sie, setzen Sie sich«, sagte Mama, wobei sie auf die drei Schaukelstühle deutete, die rechts an der Wand standen. Ihre Geste zeigte, daß sie sich augenblicklich als Gastgeberin fühlte wie früher in ihrem Salon.

Schließlich fand er die Sprache wieder, bemerkte, daß er immer noch Mattildas Hand hielt, und gab ihrer Mutter die Hand.

»Ich danke Ihnen, Ma'am. Es ergab sich eine Gelegenheit, bei Ihnen vorbeizukommen, weil ich in Burkes Garden etwas zu erledigen hatte, und da dachte ich, ich schau mal bei Ihnen rein.« Ein schneller, entschuldigender Blick zu Mattilda.

Burkes Garden. Daß bloß niemand lachte! Bitte! Burkes Garden lag dreißig Meilen weit hinter den Bergen. Er war einen zusätzlichen Tag geritten.

»Aber Sie sind doch bei Ihrer Familie gewesen, oder?« fragte Mama, während sie ihn zu den Stühlen dirigierte.

»Nein, Ma'am, ich hatte nicht genug Zeit.« Schüchterner Blick zu Mattilda. Er hatte die Gelegenheit, seine Familie zu sehen, nicht genutzt und war statt dessen hierher gekommen!

Er nickte Marjorie und Elizabeth zu, lächelte das Baby an. »Wie geht's den Damen denn so?« Lächeln, Nicken ringsherum.

»Gut, Daniel. Abgesehen von dem ewigen Krieg natürlich.«

Jetzt mußte er doch wenigstens ein Wort zu Mattilda sagen!

»Nein, ich möchte mich lieber nicht auf Ihre guten Möbel setzen.«

Mattilda schaute stumm auf die selbstangefertigten Stühle aus Eichenholzästen, dachte einen Augenblick lang an die eleganten polierten Stühle, die sie früher für selbstverständlich gehalten hatte.

»Ich geh lieber noch mal raus und klopf mir den Staub ab und wasch mir die Hände und das Gesicht.« Er stülpte seine Mütze über eine Stuhllehne.

»Tun Sie das. Wir machen inzwischen was zu essen. Maisbrot und grüne Bohnen.« Kein Wort der Entschuldigung für die karge Kost.

»Das klingt gut. Aber dann muß ich mich wieder auf den Rückweg machen.«

Immer noch kein Wort zu ihr, und dann wollte er gleich wieder aufbrechen.

»Mama«, sagte Mattilda verzweifelt. »Daniel kann mir doch beim Wasserholen helfen.«

»Das ist nicht nötig, Mattie. Daniel braucht nichts zu tun. Wir schaffen das schon mit dem Wasser.«

»Oh, nein, Ma'am«, drängte Daniel. »Ich möchte gern helfen.«

Es gab keinen Brunnen bei ihrem neuen Haus, aber die Quelle war kühl und dunkel, umgeben von Farnen und gescheckten Schneckenklee, im Schatten von Harthölzern. Während der Schulzeit war dies der Lieblingsplatz von Mattilda gewesen, jetzt war es der einzige Ort in der Nähe, wo sie für ein paar Minuten still für sich sein konnte.

Dort mußte er mit ihr reden. Aber an der Quelle ruhte sich Newt Jackson auf seinem Weg nach Hause aus. Verflixt noch mal, er blieb doch sonst nie dort. Warum heute? Sie stellte ihn Daniel vor, und während sie die Eimer füllten, unterhielten sich die beiden Männer über die Schlacht um die Salzwerke und wie es da unten in der Gegend von Marion und Saltville aussah und so weiter, bis sie kurz davor war, vor Wut laut loszuschreien. Bis jetzt hatte er kein Wort zu ihr gesagt.

Seine blauen Augen schauten immer öfter zu ihr hinüber, so als gäbe er *ihr* die Antwort auf die Fragen, die Newt Jackson gestellt hatte.

Nach einer Weile wurde Daniel still, dann kramte er in seiner Tasche, holte etwas heraus und reichte es ihr stumm. Es war ein Lebkuchenherz mit einem Text darauf. *Willst du mich heiraten?* stand dort.

Ihn heiraten? War das ein schlechter Witz? Sie schaute ihm ins Gesicht. Er sah aus, als würde er gleich weinen.

»Nimm doch mal den konföderierten Soldaten«, sagte Newt Jackson, der sich bequem an die Felsen lehnte. »Er ist ein Soldat, der ohne neue Kleidung oder Waffen auskommt, mit einem Minimum an Essen, und trotzdem übertrifft er den Feind beim Reiten, Marschieren und Schießen. Er braucht eben nicht viel.«

»Eines Tages?« sagte Daniel laut. Das waren die ersten Worte, die er an sie richtete.

»Was soll das heißen, eines Tages?« schnaubte Newt Jackson. »Jeden Tag. Er kann den Nordstaatensoldaten an jedem Tag der Woche übertreffen und sonntags auch.«

Mattilda wandte den Blick nicht von Daniels rotem Gesicht. Er meinte es ernst. Sie nickte. Lächelnd standen sie einander gegenüber.

Im Nu hatte Daniel die großen Eimer hochgehoben. »Sie irren, Mr. Jackson. Der Südstaatensoldat verspürt den Hunger genauso wie der Nordstaatler, und er kann keine Kugel abschießen, wenn er keine hat.«

Schreib dir das hinter die Ohren, du alter Schwätzer, dachte Mattilda glücklich.

Auf dem Pfad zum Haus unterhielten sie sich in aller Eile.

»Ich werde erst im April sechzehn.«

»Das macht nichts. Wir warten, bis der Krieg vorbei ist, und dann lassen sie uns. Ich bin selber erst siebzehn. Vielleicht, wenn du siebzehn bist, was meinst du?«

Sie wußte es nicht. Sie verspürte nur ein überwältigendes Glück, als Daniel ihr von dem Land bei Bear Creek erzählte, das ihm sein Vater geschenkt hatte.

»Bear Creek? Wo liegt das?«

Er deutete mit dem Daumen nach Westen. »Wir müßten das Land urbar machen. Es liegt ganz oben in den Bergen.« Er redete und redete, mehr als der geschwätzige Trottel, den sie an der Quelle zurückgelassen hatten, aber sie konnte gar nicht genug hören.

41. Kapitel

Mattilda fürchtete sich, das Thema anzusprechen, denn sie wußte schon vorher, wie es ihre Mutter schmerzen würde. Aber sie hatte inzwischen schon so viele Jahre lang geschwiegen, daß ihr eigener Schmerz aufzubrechen drohte wie eine schwärende Wunde.

»Mama, werden die Familien nach dem Krieg wieder zusammenkommen?«

Ihre Mutter legte ihre Bibel auf den Tisch, schob die Brille nach oben auf den Kopf und warf Mattilda einen trostlosen Blick zu. »Ich weiß es nicht.«

»Aber wie war das in anderen Kriegen?«

»Ich weiß es nicht. Ich wäre froh, wenn ich ein Buch hätte, in dem ich darüber nachlesen könnte. Ich weiß nur, daß ein Großonkel mütterlicherseits während der Revolution ein Loyalist war und nach England zurückging und die Familie nie wieder etwas von ihm gehört hat.«

»Oh, nein«, flüsterte Mattilda. Ihr Mut verließ sie. Sie konnte ihren Schmerz nicht mehr verbergen. Ihre Mutter und sie schauten einander an, beide litten die gleiche, hilflose Qual.

Dreieinhalb Jahre lang hatten sie Sarah nicht gesehen.

»Ich schreibe ihr einmal im Monat«, sagte Mama. »Aber ich höre nie ein Wort von ihr. Jedenfalls nicht von ihr direkt.«

Mattilda nahm ihren Federhalter. Sie überlegte einen Augenblick. Ray Beard durfte sie nicht erwähnen. Sarah würde es dem Süden nie vergessen, daß man ihn laufengelassen hatte. Mattilda konnte es genausowenig vergessen, aber möglicherweise würde Sarah ihr das nicht glauben.

19. Oktober 1864

Liebe Sarah,

seit ich Dich das letzte Mal gesehen habe, bin ich erwachsen geworden. Ich habe einen Kavalier, Daniel Durham von der Verteidigungsreservetruppe bei Saltville, und er meint, ich wäre hübsch. Wie findest Du das?

Ich möchte, daß dieser Brief möglichst unbeschwert bleibt, so wie wir immer miteinander waren. Ich nehme an, Mama hat Dir geschrieben, daß die Bundestruppen unser Haus niedergebrannt haben und wir jetzt in dem alten Schulhaus wohnen. Gleich da, wo Du immer gestanden hast, um uns Latein zu unterrichten, ist jetzt eine Tür zu dem Zimmer, in dem Marjorie und das Baby und ich schlafen. Elizabeth schläft auf einer Pritsche, die dort steht, wo die Tafel und die Landkarte waren, und die alte Eingangstür ist jetzt die Tür von Papas und Mamas Schlafzimmer. Kannst Du Dir vorstellen, wie gemütlich wir es haben?

Wir planen einen weiteren Raum am hinteren Ende des Gebäudes (an der Seite, auf der ich früher gesessen habe), und dieser Raum wird für Dich und Elizabeth und den kleinen Jason sein, wenn Du nach Hause kommst.

Das ist eigentlich der Grund, warum ich schreibe, Sarah. Damit Du nach Hause kommst. Bitte komm. Bitte.

Wir schließen Dich immer in unsere Gebete ein.

Deine Dich liebende Schwester
Mattie

PS: Sarah, an dem Krieg hat niemand von uns schuld. Wir sind nur noch Frauen, außer Papa, und ihn hat der Krieg genauso umgebracht wie Jason und Michael und Bland junior. Zur Zeit ist er beim alten Haus und stöbert mit seinem Stock in der Asche nach seinen Karten. Das ist seine Arbeit, und er tut das jeden Tag. Wenn er seine Karten findet, sagt er, wird er eine Mauer bauen, um die Karten daran aufzuhängen, und diese Mauer wird der Anfang für den Neubau des Haupthauses. Papa kann nicht verstehen, daß jetzt das Schulhaus unser Zuhause ist.

Aber selbst wenn der Krieg unsere Schuld wäre, könntest Du Dir nicht ein Herz fassen und uns vergeben und nach Hause kommen? Es tut mir sehr leid, daß der Brief doch nicht so unbeschwert ausklingt, wie ich es versprochen hatte.

Mattie

Sie trug den Brief zur Mühle, wobei sie sich unterwegs fest vornahm, auf keinen Fall nach einer Antwort Ausschau zu halten. Sie würde sich mit anderen Gedanken beschäftigen, so daß ihr die Wartezeit kurz vorkommen würde.

Denn sicherlich, sicherlich würde Sarah antworten.

42. Kapitel

»Mama, mach Dir keine Sorgen. Ich bin verwundet, aber ich sterbe nicht daran«, hieß es in Jocs Brief. »Für mich war der Krieg am Cedar Creek zu Ende. Gibt es bei Euch irgendeinen gesunden Mann, der mich mit einem Wagen abholen kann? Der Leutnant meint, er will dafür sorgen, daß ich nach New Market Gap komme, und dort bleibe ich bei den Hawkinses, bis Ihr mir jemanden schickt. Ich möchte Dir nicht zur Last fallen, Mama, aber das Feldlazarett ist außer Betrieb, und ich bekomme nicht die nötige Pflege. Ich kann immer noch nicht laufen.«

Die Worte prägten sich ihnen ein. Die Vorstellung, auch nur ein einziges Pferd oder einen Wagen zu haben, war absurd, aber Joe konnte das nicht wissen. Es gab keine gesunden Männer für die lange, lange Reise. Mama und Elizabeth würden fahren müssen, sobald sie Gespann und Wagen aufgetrieben hatten.

Verbissen schirrten Mama und Mattilda Mulehead vor ihren ramponierten Karren und fuhren zur Mühle, um Pferde und Wagen einzuhandeln.

»Was können wir denn anbieten, Mama?« fragte Mattilda.

»Das einzige, was wir noch besitzen«, sagte ihre Mutter. »Land.«

»Oh, Mama.« Aber so sehr Mattilda auch überlegte, sie hatte keinen besseren Vorschlag. Sie würden mit Newt Jackson verhandeln müssen. So lange, wie Mattilda denken konnte, hatte er ihnen schon wegen des nordöstlichen Teils ihres Landes, das an seine eigene kleine Farm angrenzte, in den Ohren gelegen. Sicherlich würde Mama den Boden nicht lediglich für einen Wagen und ein Gespann hergeben. Sie betrachtete einen Augenblick lang das Gesicht ihrer Mutter, wagte aber nicht, sie anzusprechen. Offenbar war Mama bereit, jede Art von Geschäft abzuschließen, wenn sie damit ihre Probleme lösen konnte.

Newt Jackson saß auf der Veranda der Mühle, als ob er sie erwartet hätte.

»Ich muß mir Ihr gutes Gespann und den Wagen borgen«, sagte Mama, ohne zunächst über das Wetter oder den Krieg oder den mißratenen Roggen zu reden. Sie fing die Sache falsch an, das war Mattilda klar. Mama war einfach zu erpicht darauf, die Pferde zu bekommen und loszufahren.

»Joe abholen, was?« fragte Newt, wobei er ihrer Mutter einen wissenden Seitenblick zuwarf. Er hatte den Brief gelesen, bevor er ihnen ausgehändigt worden war.

Mattilda hatte die vage Hoffnung, daß ihre Mutter der

Frage ausweichen, ihn ihre Not nicht merken lassen würde, sonst würde der Handel absolut einseitig verlaufen. Aber Mamas eiserne Ehrlichkeit wankte nicht.

»Ja.«

»Nun.« Newt Jackson schlug die Arme um sich und kratzte sich am Rücken, so weit sein Arm reichte. »Dort wird immer noch gekämpft, nicht wahr? Ich hab gehört, daß die Konföderierten sich bei New Market versammeln, und Sie müßten direkt dort durch.« (Kein Wort darüber, daß sie genau dorthin wollten, dachte Mattilda zornig. Tut so, als ob er den Brief nicht gelesen hätte!)

Er schüttelte den Kopf. »Es wäre zu riskant, das Gespann zu verleihen. Verstehen Sie? Die Pferde könnten umkommen. Oder konfisziert werden, von der einen wie von der anderen Seite.«

»Dann möchte ich es kaufen«, sagte ihre Mutter ruhig.

»Mit konföderiertem Geld?« fragte er. Darauf würde er sich nicht einlassen.

»Newt, handeln Sie ehrlich mit mir. Sie wissen, daß wir nur noch Land besitzen.«

Er verzog das Gesicht. Es gehörte sich nicht, direkt zum Geschäft zu kommen, die einleitenden Rituale zu überspringen.

»Land ist heutzutage nichts wert.«

»Guter Boden ist immer was wert.«

Seine Augen leuchteten. »Welches Stück?«

»Ich biete das Feld von den Platanen auf der anderen Seite der Kirche bis zu dem Buchenwäldchen.«

Es war ihr bestes Land. Mehr als hundert Acres.

»Und das Land hinter der Kirche zur anderen Seite des Friedhofhügels bis zu den drei Kastanien?« schlug er vor, wobei er genau die Worte aus dem Grundbuch benutzte. Noch zwanzig Acres dazu. Das würde der Farm den Rest geben.

Dorothy Repass kaute auf ihrer Oberlippe herum, starrte an ihm vorbei ins Leere. »Dieses Land ist seit sechzig Jahren im Besitz der Familie meines Mannes.«

Er zuckte die Achseln.

Im Umkreis von fünfzig Meilen ist kein anderes vernünftiges Gespann zu haben, dachte Mattilda haßerfüllt.

»Ich brauche ein Gewehr zum Mitnehmen und eins, das ich hierlassen kann, dazu Munition«, konterte ihre Mutter. Er nickte. »Ich brauche Futter für die Pferde und Getreide, um unterwegs handeln zu können.« Er nickte weiterhin bedächtig mit dem Kopf. »Wir behalten die Rechte auf dem Friedhof und das Wegerecht dorthin.« Er nickte.

Mattilda hatte angefangen zu weinen, konnte sich nicht beherrschen. In ihrem Kopf spukte das einzige Schimpfwort, das ihr einfiel – Teufel, Teufel, Teufel, Teufel –, denn das war Newt Jackson geworden. Ihre Mutter packte sie am Arm. »Mattilda.«

Ihre Tränen versiegten.

»Mama, wir sind keine Pferdehändler. Wir brauchen die schriftliche Zusage, daß diese Pferde die Tour auch durchhalten werden«, drängte Mattilda.

»Durchhalten? Verdammt, Mattilda, entschuldige, aber diese Pferde könnten das gesamte Land von oben bis unten durchqueren, und dann quer und wieder längs, dann eine Woche pausieren und das Ganze noch mal von vorn.«

»Ist das als Garantie zu verstehen?« fragte ihre Mutter.

»Nun, sie könnten ein Eisen verlieren. Dafür können Sie mich aber wirklich nicht verantwortlich machen.«

»Dann geben Sie noch Hufeisen und Nägel dazu«, sagte Mama. »Wir werden schon einen Schmied finden, wenn wir einen brauchen.«

»In Ordnung.« Er schüttelte gereizt den Kopf.

»Also ist es eine Garantie?« fragte Mattilda fordernd.

»Wenn Sie sie füttern, ihnen Wasser geben, aber nicht zuviel, sie ausruhen lassen, darauf achten, daß sie nicht erschossen werden und sich nicht die Beine brechen, ist es eine Garantie.«

»Schreib es in den Vertrag, Mama.«

»Aufschreiben? Ihr traut mir nicht, daß ich euch gute Pferde verkaufe?« protestierte er. »Das brauchen wir nicht aufzuschreiben.«

»Wir können nach Princeton fahren«, sagte Mattilda. »Mr. Johnston aus Princeton liegt Vater schon seit Jahren in den Ohren, ihm das Feld zu verkaufen.«

»Ist ja gut. In Ordnung. Schreibt in den Vertrag, für den Fall, daß die Pferde es nicht zurück schaffen, könnt ihr später mit Getreide oder in Silber zahlen.« Er hob drohend den Finger. »Wenn Sie zurückkommen, gehört mir das Land. Dorothy Repass, lassen Sie die Pferde nicht absichtlich sterben!«

»Geben Sie mir ein Blatt Papier, und ich schreibe es auf«, sagte Mama. »Die Grundbucheintragung machen wir, wenn ich zurück bin.«

»Und was ist mit Bland senior? Wird der unterschreiben?« vergewisserte sich Newt Jackson.

»Er wird unterschreiben.«

Nachdem Newt Jackson die Pferde holen gegangen war, fragte Mattilda: »Wie willst du Papa dazu kriegen, daß er unterschreibt, Mama?«

Das Gesicht ihrer Mutter warf bekümmerte Falten. »Ich werde ihn anlügen müssen. Ich werde ihm sagen, daß ich verkaufe, um seine Karten zurückzubekommen.«

Sie machten sich auf den Weg nach Hause, Mattilda mit dem neuen Gespann, während ihre Mutter versuchte, Mulehead in Bewegung zu bringen.

»Schnalzen, Mama!« rief Mattilda ihr zu. Ihre Mutter spitzte die Lippen, und Mulehead trottete gehorsam los.

Newt Jackson hatte das Getreide und das Futter so gut im Wagen verstaut, daß es kein Problem war, Essen, Kleidung und Bettzeug für Mama und Elizabeth aufzuladen. Sie nahmen die einzige Plane mit, die sie auf der Farm hatten, denn der Wagen hatte keine Abdeckung, und Joe würde einen Schutz gegen den kalten Herbstregen brauchen, der in den Bergen sogar in Graupelschauer übergehen konnte.

Die Mutter schrieb Marjorie und Mattilda ihre Route auf. »Für alle Fälle«, sagte sie.

Für welchen Fall? fragte sich Mattilda. Was könnten sie schon tun, falls etwas passierte? Trotzdem fühlte sie sich mit dem Stück Papier in der Hand besser.

»Von Princeton über Narrows nach Shannons (dort übernachten), nach Peppers Ferry über den New River nach Christiansburg, nach Salem, nach Lexington, nach Kerrs Creek (dort bei den Kerrs etwas ausruhen), zu den Staunton Kerrs, nach Harrisonburg, nach New Market (dort bei den Hawkinses ausruhen und Joe abholen) und auf demselben Weg zurück.«

Sie würden in den Nächten, die sie nicht bei Freunden verbringen konnten, im Freien übernachten. Mattilda hatte diese Fahrt schon einmal gemacht, als sie klein war, das meiste allerdings per Bahn. Auch bei dieser luxuriösen Beförderung war es eine anstrengende, beschwerliche Reise gewesen. Aber da die Eisenbahnbrücken bis nach Wytheville zerstört waren, war das Risiko zu groß, daß die Bundestruppen die übrige Strecke angreifen könnten, eventuell sogar die Züge selbst.

Und Joe konnte noch nicht laufen. Er mußte liegen. Warum konnte er nicht laufen? Zu schwach? Oder lag es an seinen Beinen? Sie verscheuchte die Gedanken, wie sie, ihre Mutter und ihre Schwester es schon hundertmal getan hatten.

Papa war beim Abschied nicht da. Er war beim alten Haus mit seiner unablässigen Suche in Schutt und Asche beschäftigt.

»Mädchen, paßt auf euren Vater auf«, bat Mama. »Er wird wahrscheinlich nicht begreifen, was los ist.«

»Wir kümmern uns um ihn, Mama«, versprach Marjorie.

»Sagt ihm jeden Tag, daß ich auf dem Weg nach Hause bin.«

»Machen wir.«

Schließlich fuhren sie los. Elizabeth, so hübsch wie immer, nahm die Zügel. Beide Frauen waren mit ihren besten

Kleidern und Hüten ausgestattet, als ob sie zur Kirche wollten. Mattilda stand neben Marjorie, die die kleine Annie mit gegrätschten Beinen auf der Hüfte sitzen hatte, und sie winkten, bis der Wagen in die mit Büschen bewachsene Kurve einbog und die winkenden Hände verschwanden.

»Da kommt jemand«, sagte Marjorie, als sie in die entgegengesetzte Richtung zur Mühle hin schaute. »Sieht so aus, als ob wir einen Gast zum Essen bekommen.«

Der Mann ritt in recht hohem Tempo, in gespannter, nach vorne geneigter Haltung heran. Sein Pferd sah fesch aus, gut genährt.

Die beiden Frauen betrachteten den sich nähernden Reiter, konnten aber nicht ausmachen, wer es war.

»Gott steh uns bei«, sagte Mattilda plötzlich. »Es ist Ray Beard.«

Sie spürte, wie ihr alles Blut aus dem Gesicht wich, ihr war schwindelig und schlecht, sie sah wieder Jason vor sich, wie er sich langsam zu ihr umdrehte, in der Hand ein Stück Papier, auf dem VERRÄTER stand.

»Was soll denn das?« schrie Marjorie wütend. »Er kann sofort wieder umkehren und verschwinden.«

Aber Ray Beard, der offenbar nicht das geringste Gespür für ihre Gefühle hatte, stieg mit unerschütterlicher Selbstsicherheit vom Pferd, nahm den Hut ab und lächelte.

»Ja, wen haben wir denn da?« sagte er. »Sie sind Miss Marjorie. Sie könnte ich nie vergessen.« Gleich darauf aber tat er sie mit einer schnellen Bewegung seines Kinns wieder ab und wandte sich statt dessen Mattilda zu.

»Mein Gott, Sie sind eine Schönheit geworden. Ich hab schon davon gehört, aber wollte es nicht so recht glauben.«

Mattilda fühlte sich elend und schmutzig, das alte Schwinden hatte wieder eingesetzt und nahm ihr allen Mut.

»Ray Beard, steigen Sie auf Ihr Pferd und verschwinden Sie von diesem Hof«, schnauzte Marjorie so bissig wie eine Wasserschildkröte. »Bei den Repasses werden Sie niemals willkommen sein.«

»Warum?« fragte er in ehrlichem Erstaunen. »Weil ich geholfen habe, einen Yankeefreund aufzuhängen?«

Jetzt war es kein Problem mehr, so etwas offen zuzugeben.

»Runter von unserem Land«, sagte Marjorie.

»Sind Sie auch der Meinung, Miss Mattilda?«

Mattilda konnte vor Haß und Furcht nicht sprechen. Mit einer Geste des Abscheus wies sie den Mann ab. Der zuckte die Achseln, stieg wieder auf sein Pferd, setzte sich ohne erkennbare Eile zurecht und betrachtete das Haus und die mit Brombeersträuchern bewachsenen Felder.

»Ihr seid nicht mehr, was ihr wart«, sagte er.

»Sind wir wohl«, sagte Mattilda. »Und Sie sind auch immer noch, was Sie waren.« Das war ein Treffer, der genauso gut saß wie ein Schimpfwort.

»Wenn der Krieg vorüber ist«, sagte Marjorie, »und wenn wieder Recht und Gesetz herrschen, werden wir dafür sorgen, daß Anklage gegen Sie erhoben wird und Sie wegen Mordes vor Gericht gestellt werden.«

Er zuckte die Achseln, grinste. »Dazu wird es nie kommen. Niemand wird mich dafür hängen, weil ich einen Feind getötet habe.«

Er ignorierte Marjorie. »Auf Wiedersehen, Miss Mattilda, bis zum nächsten Mal.«

»Niemals«, sagte sie. »Niemals.«

Seine Augen glitten über ihr Kleid, verweilten. Dann ritt er davon, Richtung Mühle.

Mattildas Herzschlag beruhigte sich, und sie versuchte, ihre elende Angst unter Kontrolle zu bekommen. Oh, wenn bloß Sarah hier wäre. Oder Grandpa Hume.

In diesem Augenblick kam Docia hinter dem Haus hervor. Sie hatte Luellas einziges Küchenmesser in der Hand, es war lang und schmal, handgearbeitet. »Wenn dieser Sajer irgendwas probiert hätte, dann hätte ich ihn in blutige Stücke zerhackt«, sagte sie fröhlich.

Mattilda fühlte sich sofort besser. Als die drei Frauen das Haus betraten, lachten sie unsicher.

»Iß mit uns, Docia«, bat Mattilda. »Ich seh dich so selten.«

»Gut. Heute ist mein Geburtstag, das wird dann wie eine Feier.«

»Oh, ich habe ein Geschenk für dich«, sagte Mattilda. Sie holte ein kleines Buch, das einzige, das sie besaß, das einzige, das aus dem Feuer gerettet werden konnte. Auf dem Deckblatt stand: *Mattilda Repass. Ein Geschenk von New Place S. S. 26. September 1858.*

Docia las es und lächelte, blätterte zum Titel um:

DER GARTEN DES HERRN
Die Heiligung –
allmählich oder unverzüglich

Das Geschenk war ein voller Erfolg. Obwohl Mattilda schon hundertmal versucht hatte, das Buch zu lesen, hatte sie jedesmal aufgegeben und sich etwas anderem zugewandt. Aber Docia würde es lesen.

»Mein erstes Buch«, sagte Docia. »Es wird mir dabei helfen, Lehrerin zu werden.«

Während sie aßen, vertieften sie sich gemütlich ins Gespräch, und allmählich legte sich Mattildas Angst, bis sie schließlich wieder an ihre Mutter denken konnte, die jetzt die Pferde zu ihrer langen, gefährlichen Reise antrieb.

43. Kapitel

November 1864

Der Tag vor ihrer Rückkehr war ein kalter Herbsttag, nur noch hier und da blitzten in den Bäumen Reste von bunten Farben auf. Newt Jackson kündigte ihnen unbeabsichtigt die Ankunft des Wagens aus Princeton an, als er wie der Blitz auf seinem Pferd die Paßstraße hinaufsauste.

»Sie kommen«, sagte Marjorie. »Der alte Newt hat sich schon auf den Weg gemacht.«

Mattilda griff den warmen Mantel ihres Vaters und schlüpfte hinein, dann rannte sie Newt Jackson hinterher. Ich bin schneller, wenn ich renne, als wenn ich versuche, Mulehead zur Eile anzutreiben, dachte sie. Von der Kuppe des Kirchenhügels aus sah sie den Wagen kommen, sah ihn ganz langsam erst nach links, dann nach rechts ausscheren. Newts Pferd tänzelte um den Wagen herum, und Newt gestikulierte wild.

Mattilda blieb keuchend stehen. Sie konnte Joe nicht sehen, und aus dieser Entfernung schienen ihre Mutter und Elizabeth noch genauso wie vor einem Monat auf dem Bock zu sitzen. Noch waren sie nicht auf dem Land der Familie Repass. Mattilda rannte ihnen entgegen, und als sie näher kam, verstand sie den Grund für Newts Aufregung. Das eine Pferd machte immer nur einen oder zwei Schritte hintereinander, zögerte dann, zitterte. Das zweite Pferd lief mit voller Kraft, zog die ganze Ladung, aber es blieb immer wieder stehen, um auf seinen kranken Partner zu warten.

»Mama, Elizabeth!« schrie Mattilda mit schriller Stimme. »Wo ist Joe?«

»Hallo, kleine Schwester«, hörte sie ihn rufen, und von der Seite des Wagens winkte eine Hand. »Hier bin ich.«

Newt Jacksons Pferd bäumte sich auf. Sie wich ihm aus, rannte um den Wagen herum, und da war Joe. Das sollte Joe sein, dieses kranke, dürre Gespenst, dessen einst lohfarbenes Haar so dunkel war wie früher Michaels? Er lehnte, in Flickendecken gehüllt, am Rücken des Kutschbockes.

»Na, du hübsches Kind«, sagte er und streckte ihr seine Hand entgegen. Sie reichte nicht heran, wollte zu ihm auf den Wagen klettern.

»Laß das, Mattilda«, sagte ihre Mutter scharf.

Das tat weh, Mattilda ließ los. »Ich wollte meinem Bruder einen Willkommenskuß geben«, sagte sie.

»Mama möchte fair sein. Sie will kein Extragramm dazuladen«, sagte Joe. Er grinste, eine Lücke klaffte dort, wo seine Schneidezähne hätten sein sollen. Schock. Und doch entdeckte sie in ihm schon fast wieder den alten Joe.

»Oh.« Mattilda machte einen oder zwei Schritte, um den kaum vorankommenden Wagen einzuholen.

»Bleib weg, Mattilda«, rief Newt Jackson. »Das ist nicht fair.«

Sein Pferd tänzelte lebhaft. »Wo ist die Grundstücksgrenze? Sind wir noch nicht auf Ihrem Land?«

»Im Vertrag steht, bis zum Haus«, sagte Mama.

»Das Pferd schafft es nicht bis zum Haus«, sagte Mattilda.

»Das hab ich Mama auch gesagt«, sagte Joe und gackerte schadenfroh wie ein alter Mann.

»Wird es wohl! Wenn Sie es richtig behandeln«, kreischte Newt Jackson. »Lassen Sie mich auf den Bock, dann schaffen wir es.«

Mama schaute ihn abschätzend von oben bis unten an. »Sie würden der Ladung sechzig Pfund zufügen, falls Sie mit einer von uns den Platz tauschen würden. Und wir würden den Schwung verlieren und müßten wieder neu anfahren.«

Er gab wütend nach, trabte wieder um den Wagen.

»Wenn Sie was tun wollen, dann reiten Sie entweder vorneweg oder hinterher, und hören Sie auf, das Pferd unnütz zu beunruhigen.«

Er machte ein finsters Gesicht, ritt aber voran. Der Zug bewegte sich einen Schritt vorwärts.

»O Herr«, sagte Mattilda mit lauter Stimme. »Du weißt, daß ich nie in meinem Leben einem Tier absichtlich etwas zuleide getan habe.«

Neben ihr platzte Joe lachend heraus: »O ja, Herr, das weißt du.«

»Ich habe nie ein Huhn getötet, wie sehr Mama mich auch darum gebeten hat«, fuhr Mattilda fort. »Ich habe nie eine Eidechse oder eine Schlange getötet, nicht mal eine Mokassinschlange, und wenn eine meinen Weg kreuzte, dann ließ ich ihr den Vortritt.« Sie warf einen Blick hinauf zu ihrer Mutter und Elizabeth und sah, daß sie hinter vorgehaltener Hand ihr Lächeln verbargen. Das war auch ganz gut so, sonst hätten sie Mattilda noch zum Kichern gebracht. »Aber jetzt, Herr, ist die Zeit dieses Tieres gekommen, und es wäre nur gnädig, ihm zur letzten Ruhe zu verhelfen.«

»Beten ist unfair«, brüllte Newt Jackson und drehte sich im Sattel herum, daß sein Rücken beinahe nach vorne zeigte.

»Warum?« fragte Mama freundlich. »Im Vertrag steht nichts von Beten. Sie können auch beten, wenn Sie wollen.«

»Es wäre gnädig, wenn du diesem Pferd helfen würdest, hier und jetzt zu sterben«, fuhr Mattilda so zungenfertig wie ein Erweckungsprediger fort.

»Nein, Sir, wäre es nicht, Herr«, schimpfte Newt zum Himmel hinauf. »Das Pferd hat es nicht verdient, auf so eine Art ermordet zu werden.«

»Außerdem würde dadurch ein schlechter Vertrag null und nichtig, mit dem jemand seine Nächsten in unfairer Weise übervorteilen wollte«, sagte Mattilda sanft.

Newt Jackson fluchte, entschuldigte sich bei Gott und betete weiter.

Aber noch während der lange Gebetswettstreit anhielt, in den sich immer wieder Elizabeths Gekicher und Joes fröhliches »Ja, Herr« und »Ja, so ist es« einmischten, schweiften Mattildas Gedanken ab, und es regten sich Zweifel bei ihr. Sie beobachtete die tapferen Anstrengungen des Pferdes und spürte, wie es ihr in der Schulter zuckte, ihm ziehen zu helfen. Lebe! befahl sie ihm in Gedanken. Lebe!

Denn sie hatte das Land schon vor langer Zeit aufgegeben, und ihr Gebet war nur zum Schein, sie nutzte es als Peitsche, um Newt Jackson kleine nette Stückchen Haut abzuzwicken, und es sollte nicht den Herrn dazu verleiten, das Pferd zu töten.

Ich werd's dir vergelten, wenn du dir Mühe gibst zu überleben, sagte sie im stillen zu dem bebenden Pferd.

»Herr, dieses arme Pferd stirbt«, fing sie wieder an. (Ich meine es nicht so, Herr.) »Es ist die Frage, ob du ihm jetzt die Gnade erweist oder ob . . .«

»Nein, Herr«, stöhnte Newt. »Hast du etwa die Absicht, dieses Tier auf das Wort dieser kleinen Hexe hin zu ermorden?«

»Hexe?« tobte Mattilda.

Aber das Pferd schaffte es bis nach Hause, und Mattilda war sofort an seiner Seite, spannte es aus und rieb ihm den Schweiß ab und erfrischte es mit Wasser. Während sie es versorgte, lachte und prahlte Newt Jackson. »Du bist in Grund und Boden gebetet worden, Mattilda. Diesmal bist du an einen Experten geraten.« Er ritt davon, immer noch lachend, und noch auf der Straße dröhnte sein schallendes Gelächter, aber das störte Mattilda genauso wenig wie ein Schmetterling.

Als Mattilda schließlich von ihrer Arbeit aufsah, sah sie Joe zwischen ihrer Mutter und Elizabeth stehen, die Arme auf ihre Schultern aufgestützt. Sein alt gewordenes, schmales Gesicht betrachtete sie nüchtern. In der Stille stockte ihr Herz. Sein rechtes Bein war verschwunden, das rechte Hosenbein war ordentlich gefaltet und am Stoff über dem Oberschenkel angeheftet.

Sie rannte zu Joe, drückte ihn an sich, spürte, wie sich sein Kopf zu ihr hinunterbeugte. »Mein Bruder. Mein Bruder Joe. Oh, dem Herrn sei Dank, daß du zu Hause bist.«

44. Kapitel

In den nächsten drei Tagen verbrachte Mattilda all ihre freie Zeit damit, durch die Wälder zu streifen, um passende Hölzer für Krücken zu finden. Sie würde alles tun, damit Joe wieder der alte würde, um diese gequälte Starre aus seinem Gesicht zu vertreiben. Als erstes mußte er unabhängig werden. Auf die Beine kommen. Auf das Bein, korrigierte sie sich. Er hatte zuviel gelitten. Einen weiteren Schock erlitt er, als er versuchte, sich mit Papa zu unterhalten. Da erschien auf Joes Gesicht ein leidender Ausdruck, als wollte seine eigene Seele verkümmern wie die seines Vaters.

Mattilda schrie außer sich vor Wut: »Wie konnte die Armee überhaupt auf die Idee kommen, dich ohne Krücken nach Hause zu schicken!«

»Na ja«, sagte Joe ungerührt. »Sie hätten mir schon Krükken gegeben. Wenn ich bereit gewesen wäre zu warten.«

»Wie lange?«

Er zuckte die Achseln. »Sie hatten ein Paar, das einem Kind gepaßt hätte. Und mehr nicht. Und es hat sich auch keiner groß Gedanken darüber gemacht, weil unser größtes Problem war, was wir zum Abendessen finden würden. Oder ob überhaupt etwas.«

Mattilda hatte einen großen Haufen Stöcke zusammengetragen, aber Joe konnte sich immer noch nicht entscheiden, wo er anfangen sollte. Konnte überhaupt nichts entscheiden, solange sie dabei war. Die Gegenwart einer anderen Person übte zuviel Druck auf ihn aus. Noch war er zu empfindlich, zu wund. Noch voller Abwehr gegen den Tod, der so plötzlich eintreten konnte.

»Ich geh rein«, sagte sie zu ihm, »und wenn du einen Stock ausgesucht hast, dann ruf mich, und ich komme und geb ihn dir.«

Seine Augen waren glasig vor Angst. Wovor? überlegte sie. Vor dem Alleinsein? Vor der Entscheidung?

Aber er nickte und betrachtete den Stapel Stöcke. Sie ging ins Haus, beschloß aber, ihn im Auge zu behalten.

Eine ganze Zeit lang saß Joe zitternd im blassen Sonnenlicht, seine Blicke wanderten hinüber zu den Stöcken und schweiften wieder ab, während Mattilda hinter dem Rolladen stand und ihn beobachtete.

Schließlich schien er eine Wahl getroffen zu haben. Er wandte sich um, als wollte er sie rufen, entschied sich dann aber anders, klammerte sich mit beiden Armen an die Bank und streckte das Bein aus, um eines der Hölzer heranzuholen, mit dem er dann den gewünschten Stock herausfischte. Er musterte ihn gründlich, hob ihn hoch, wog ihn in der Hand. Nahm Maß zwischen Armbeuge und Hand, wo ein abzweigender Ast als Griff dienen würde.

Schließlich holte er sein Messer heraus und fing an zu schnitzen. Mattilda seufzte und machte sich wieder an ihre Arbeit, sie hatte weiß Gott genug zu tun, auch ohne wie eine Glucke über Joe zu wachen. Sie mußte sich um ihre eigenen Angelegenheiten kümmern, nämlich Kochen lernen, eine Kunst, die sie in den Jahren vernachlässigt hatte, die sie trotzig draußen mit Männerarbeit verbracht hatte. Was würde Daniel von ihr denken, wenn er die Wahrheit herausfand – daß sie fast überhaupt nichts über Haushaltsführung wußte? Im Moment kämpfte sie mit einem Maismehlpudding. »Kinderleicht«, hatte ihre Mutter zu ihr gesagt. Mattilda warf einen Blick hinaus. Joe stand aufrecht, eine Hand klammerte sich an einen Stock, der andere Arm schmiegte sich an seine neue Krücke. Er machte einen kurzen unbeholfenen Gang durch den Hof, und sie mußte blinzeln, um die plötzlich aufkommenden Tränen aufzuhalten, während ihr mit einemmal das Lied »Maryland, mein Maryland« durch den Kopf brauste. Sie ging nach draußen und applaudierte. In Joes Grinsen spiegelte sich noch immer sein Schmerz.

»Sobald ich das Ding hier glatt geschmirgelt habe, schnitze ich mir ein neues Bein.«

An so etwas hatte sie überhaupt nicht gedacht. Sie betrachtete Joe einen Moment lang, erstaunt, daß diese schreckliche Wunde ihn nicht tiefer verletzt hatte.

»Joe, hat Grandpa Hume mit dir je übers Schwinden gesprochen?«

»Schwinden?« Er lachte. »Nein, nicht daß ich wüßte. Was meinte er denn damit?«

Sie versuchte nicht, es zu erklären. »Oh, nichts weiter. War eigentlich nichts Besonderes.«

Offenbar hatte Joe von Natur aus die Fähigkeit, gegen das Schwinden anzukämpfen, sie hingegen mußte es erst lernen.

45. Kapitel

Dezember 1864

Am Tag vor Heiligabend klarte es für eine Weile auf, und Mattilda ritt mit Mac, ihrem guten, braunen Pferd, die matschige Straße entlang zur Mühle. Es war ihr zur Gewohnheit geworden, jeden Tag nach einem Brief von Sarah Ausschau zu halten. Der Brief kam nie. Oft genug jedoch tröstete sie ein Brief von Daniel auf dem Weg nach Hause, und es war angenehm, allein zu reiten, denn so konnte sie seine Briefe immer wieder lesen, so oft sie Lust hatte, und wenn sie nach Hause kam, konnte sie dann die Neuigkeiten an die anderen weitergeben.

»Morgen, Mattilda«, grüßte sie Newt Jackson, »wirst du in dieser Woche die Gebetsstunde leiten?« Heftiges Zwinkern hinüber zu den Männern, die auf der Veranda arbeiteten. Jede Bewegung wurde eingestellt, allseitiges Grinsen machte sich breit. Die Geschichte von ihrem Gebetswettstreit hatte sich überall längs der New Place-Straße verbreitet, aber das machte Mattilda nichts aus.

»Nein, das überlaß ich lieber solchen Experten wie Ihnen«, sagte sie. »Ich glaube, wenn Sie so innig beten würden wie um unser Land, dann könnten Sie das Kriegsende herbeibeten.«

»Mein Land«, verbesserte er sie. Newt Jackson war inzwischen der größte Landbesitzer entlang der Straße, hatte aber trotzdem nicht dieselbe stille Selbstsicherheit wie Mattilda. Es schien, als wäre dies für immer ihr Land, unabhängig davon, in wessen Händen sich die Urkunde befand. Niemand konnte ihr nehmen, dort aufgewachsen zu sein, und niemand konnte Newt vermitteln, was es hieß, dieses Land zu besitzen.

»Glaubst du wirklich, ich könnte so beten, daß der Krieg aufhört?« fragte er sie.

»Ich bezweifle es nicht im geringsten. Es ist sogar Ihre Pflicht, das zu tun«, versicherte sie ihm.

»Ich tu's«, sagte er entschieden. »Ich bete, daß die Konföderierten ihnen die Seele aus dem Leib prügeln, entschuldige meine Ausdrucksweise, und sie dann postwendend nach Hause schicken, damit dann dieses ganze Land die Konföderierten Staaten von Amerika genannt werden kann.«

»Das ist eine gute Idee«, sagte sie. »Aber Sie sollten das lieber in der Kirche tun.«

Noch ganz benommen vom Glücksgefühl seiner neuen Stärke sagte er: »Du hast einen Brief von Bill und einen von Daniel Durham, der von der Zerstörung der Salzwerke berichtet.«

»Die Salzwerke?« Als letztes hatte sie von Daniel gehört, daß die Yankees an den Salzwerken vorübergezogen waren, und zwar Richtung Wytheville zu den Bleiminen, und daß Beckenridge mit dem Zug Verteidigungskräfte nach Marion geschickt hatte, um dort Stonemans Yankees entgegenzutreten. »Wir sind bald wieder mittendrin«, hatte Daniel geschrieben. »Du wirst mich vielleicht für verrückt halten, aber es ist so kalt und naß und elend und langweilig, daß wir uns darauf freuen, etwas tun zu können.«

»Salzwerke?« wiederholte sie ungläubig.

»Du lieber Himmel, ja«, sagte Newt Jackson. »Habt ihr noch nichts davon gehört? Der alte General Stoneman hat Bristol und Abingdon eingenommen, zog dann nach Wytheville, wo unsere Leute ihm entgegengetreten sind, und hat sie auch dort geschlagen. Dann schickte Stoneman eine Streitmacht zu den Salzwerken und ließ sie ausplündern, zerstören und niederbrennen. Haben Wasser über das Salz laufen lassen, das schon fast fertig war. Haben die Pumpen und die Öfen zerstört. Sie wollten auch die Sölle kaputtmachen, jedenfalls haben sie es versucht. « Er lachte beißend. »Kannst du dir das vorstellen? Diese Sölle werden auch noch da sein, wenn sie schon lange wieder weg sind.«

»Aber bis dahin?« fragte Mattilda. »Wo wollen die Konföderierten Salz herbekommen?«

»*In Marion lagen wir 38 Stunden lang im Schlamm und Regen*«, stand in Daniels Brief, »*nichts zu essen, kein Feuer, kein Unterschlupf, und ich habe keine Menschenseele klagen hören, obwohl mir zum Beispiel wirklich danach gewesen wäre.*

Ich nehme an, Du weißt inzwischen, daß sie die Salzwerke zerstört haben, was offensichtlich die ganze Zeit über längst geplant war, während wir unsere Energie damit verschwendeten, die Eisenbahn zu schützen. Mittwoch klarte es auf, und wir buken einige mit Käfern durchsetzte Getreidefladen auf den Felsen in der Sonne; das Wasser dazu holten wir aus den Pfützen auf der Straße. Wir hatten kein Salz, obwohl in unserer Nähe Tonnen davon waren – wenn wir dort nur hingekonnt hätten. Die Fladen schmeckten trotzdem gut, aber als tägliches Mahl würde ich sie doch nicht empfehlen. Also mach Dir bloß keine Gedanken über Deine Kochkünste. Was immer Du kochen wirst, wird wunderbar schmecken.

Mattilda, ich will Dir etwas sagen, was Du niemandem sagen sollst, denn es ist bloß ein Gerücht, und ich kann mich nicht für die Wahrheit verbürgen. Wir haben gehört, daß die Verteidiger der Salzwerke (nicht alle, aber einige von ihnen) so wütend waren, daß sie alle verwundeten Soldaten umgebracht haben, die von den Bundestruppen zurückgelassen wurden. So etwas habe ich noch nie zuvor gehört, jedenfalls nicht aus einem zivilisierten Krieg.«

Zivilisiert!

»*Und was die Sache noch schlimmer macht: Es waren die tapferen Negersoldaten, von denen ich Dir schon mal erzählt habe. Sie wurden von den Bundestruppen an die vorderste Front gestellt, von einer starken Abwehr verwundet und dann von unserer Seite abgeschlachtet.*

Mir graust es, wenn ich daran denke, wie von beiden Seiten mit ihnen umgesprungen wurde.«

Mattilda schüttelte zornig den Kopf. Es würde schwierig sein, dies für sich zu behalten.

Sie nahm sich Bills Brief vor.

»Mein Gewehr explodierte in meinen Händen.« Mitten aus dem Brief sprangen ihre diese Worte ins Gesicht. *Die Finger meiner linken Hand wurden bis auf den Daumen und das erste Glied des Zeigefingers abgerissen. Ich kann damit zwar noch greifen, bin dabei aber recht ungeschickt.«*

Sie faltete den Brief zusammen und steckte ihn weg, wollte nichts mehr lesen, bevor sie nach Hause kam.

»Bill ist verwundet«, sagte sie, als sie ihrer Mutter den Brief aushändigte.

Mama las schweigend, die bitteren Linien um ihren Mund herum vertieften sich. Sie las den Brief zu Ende und starrte auf die Wand aus Holzstämmen.

»Dieser Krieg hat eine ganze Generation unserer Männer umgebracht«, sagte sie schließlich mit gramerstickter Stimme.

»Nicht umgebracht, Mama«, sagte Mattilda. »Bill lebt. Joe auch.«

Ihre Mutter zuckte die Achseln. »Tot oder verkrüppelt. Der Friedhof ist voller als mein Haus.«

Mattilda war froh, daß Joe in der Scheune war, denn er sollte Mama nicht so reden hören. Doch auch sie hatte das Gefühl, daß jedes Mitglied ihrer Familie grausam verwundet war. Papa. Mama wegen ihres Mannes und ihrer Kinder. Bland junior gefallen. Sarahs Jason umgebracht, ihren Jungen mußte sie allein großziehen. Michael gefallen. Marjories Albert gefallen, ihre Tochter mußte sie allein großziehen. Die schöne Elizabeth, die zuviel Angst hatte, einen der jungen Gebirgsjäger zu heiraten, weil sie nicht auch mit einem Kind allein zurückbleiben wollte. Joe und Bill so schwer verwundet, daß sie für die Farmarbeit kaum noch taugen würden.

Alle – nur sie selber nicht.

46. Kapitel

März 1865

Es war ein kalter Morgen, so wie ihn Mattilda liebte, wenn sie draußen arbeiten mußte und sich an dem Knacken der gefrorenen Äste unter ihren Füßen freuen und später beobachten konnte, wie am Vormittag langsam der Tau einsetzte. Frühe Knospen kündigten prall ihr baldiges Aufblühen an.

Es war ausgesprochen ungewohnt, statt dessen mit voller Kraft drinnen im Haus arbeiten zu müssen, um das Essen für die ganze Familie fertig zu haben, wenn sie von den Rodungsarbeiten zurückkam. Mattilda rackerte voller Begeisterung, denn für sie war es eine Probe aufs Exempel. Konnte sie allein, ohne Hilfe, eine vollständige Mahlzeit kochen? »Natürlich kannst du das. Sei nicht albern«, hatte ihre Mutter mit leicht schuldbewußtem Unterton gesagt, denn inzwischen waren schon viele Jahre vergangen, ohne daß sie ihre jüngste Tochter in der Kochkunst unterwiesen hatte. Aber wer außer Docia und Mattilda hätte die Arbeit auf der Farm erledigen sollen?

»Mach dir nichts draus«, kommentierte Daniel ihre beschämende Unwissenheit. »Du kannst das Essen braten, backen, grillen oder roh lassen – alles wird mir recht sein. Wenn's drauf ankommt, kann ich über einem Feuer kochen, am Herd habe ich allerdings noch keine Erfahrung. Wir werden alles gemeinsam lernen. Vergiß nicht, ich werde einen Pflug in die Hand nehmen müssen, und das wirst du mir beibringen.« Oh, Daniel war gut, dem konnte man so leicht alles beichten.

Das Haus roch nach Rückenspeck und grünen Bohnen, nach dünn geschnittenen Zwiebelringen in Weinessig, schmorenden Rüben, Backkartoffeln im Ofen, und sie mußte nur noch den Brötchenteig ansetzen und im letzten Augenblick in die großen schwarzen Pfannen klatschen, aber das war kein Problem, weil Mama schon mit leichter Hand die trockenen Zutaten in die hölzerne Brotschüssel gegeben hatte.

Mattilda machte eine kleine Pause, um nach Annie zu schauen, die eingekeilt von großen Kissen in Marjories Bett schlief und sogar im Schlaf geräuschvoll am Daumen nuckelte. Über kurz oder lang würde sie mit einem riesigen Hunger aufwachen. Mattilda hatte die Milch schon fertig am Herd stehen. Voller Liebe schaute sie hinunter in das rosige Gesicht des Babys, das sich noch genau wie die kleine Faust fest gegen das Erwachen verschloß. »Gott schütze dich«, sagte Mattilda bewegt.

Sie hörte, wie die Tür aufging, und wandte sich bedauernd von ihrer Nichte ab, um zu sehen, wer da wohl etwas vergessen hatte. Es war noch nicht Zeit zum Essen, und ihre Familie hatte kaum damit begonnen, das neue Feld von den Brombeeren und dem anderen Gestrüpp zu befreien und für die Aussaat vorzubereiten, denn die fetten, kultivierten Felder gehörten ja jetzt zur Jackson-Farm.

Sie ließ sich Zeit, war noch ganz in ihre Gedanken versunken und wurde daher von dem Schock vollkommen überrumpelt, Ray Beard im Haus zu sehen. Er lehnte sich von innen an die geschlossene Haustür und hatte den Hut dabei unverschämterweise auf dem Kopf behalten.

»Wie geht's denn, Mattilda?« sagte er. Den Hut immer noch auf dem Kopf. Nicht einmal zum Schein ordentliche Manieren.

»Mama und Joe werden jeden Moment hier sein«, sagte sie. »Wenn Sie irgendwas mit uns zu besprechen haben, dann wenden Sie sich an die.«

Er schüttelte den Kopf, lächelte sie an, seine Augen schimmerten trübe, hatten kaum den Glanz eines Gewehrlaufs. Tote Augen.

Mattilda beobachtete ihn, achtete auf Distanz, hielt den Tisch zwischen sich und ihm. Panische Angst kroch in ihr hoch, so wie das bei Vögeln sein mußte, wenn sie plötzlich aus unerfindlichen Gründen aufflogen.

»Nein, Mattilda. Ich bin grad dort vorbeigekommen, hab sie arbeiten sehen. Die kommen frühestens in zwei Stunden.«

Sofort war sie erleichtert. »Na ja, wenn Sie dort vorbeigekommen sind, dann werden die anderen gleich hier sein.«

Immer noch lächelte er und schüttelte den Kopf, aber jetzt wanderten seine Augen gierig über ihren Hals, ihre Arme, ihre Brust, ihre Taille.

»Nee. Ich bin am Bach entlanggekommen.«

Dort war überall Wald. Docia und sie waren schon Hunderte von Malen dort entlanggeritten, um den Augen ihrer Familien zu entkommen. Mattildas Atem ging stoßweise, denn jetzt war die Furcht wieder da. Sie wählte ihre Worte sehr sorgfältig, hatte Angst, ihn zu verärgern, irgend etwas auszulösen. Was? Etwas, das sie nicht aufhalten konnte?

»Mama würde nicht wollen, daß Sie hier sind. Gehen Sie jetzt, und wenn es sein muß, dann kommen Sie eben später wieder. Gehen Sie jetzt.« Ihre Stimme wurde hoch und schrill.

Sein Grinsen verschwand. »Ich bin deinetwegen gekommen, Mattilda, wollte dich ein bißchen besser kennenlernen.« Er bewegte sich leichtfüßig zum Tisch, machte Anstalten, um ihn herumzugehen. Mattilda schritt schnell zur anderen Seite, wollte nicht den Eindruck erwecken zu rennen. Ihr Verstand raste. Gott sei Dank hatte sie bei der jahrelangen schweren Arbeit Kraft entwickelt. Wenn es zu einem Kampf käme, würde sie zuschlagen. Wo war das Küchenmesser? Zu weit weg. Konnte nicht herankommen, ohne daß er über sie herfallen würde. Was gab es noch für Waffen? Nichts in Reichweite. Das Gewehr war geladen, lag aber weit weg im Wäscheschrank. Gott, dachte sie. Jetzt, Gott, brauche ich Hilfe. Hilf mir. Amen.

Sie umkreisten den Tisch zweimal, wobei sich keiner der beiden anmerken ließ, daß es sich um einen Kampf handelte. Sie beobachtete seine trüben Augen. Kein Leben darin. Oh, dachte sie plötzlich voller Überraschung und mit zunehmendem Schrecken, keine Seele darin. Er war seelenlos. Ein Männerkörper auf der Jagd nach Befriedigung.

»Hast du Angst vor mir, Mattilda?« fragte er. »Aber nicht doch. Ich bin hier, um dir den Hof zu machen. Behandelst du Daniel Durham auch so?«

Seine toten Augen fixierten sie.

»Wenn Sie jetzt nicht gehen, dann schreie ich«, sagte sie, während sie sich langsam um den Tisch bewegte.

»Bitte. Das wird mir gefallen. Außer mir hört das keine Menschenseele.« Jetzt machte er plötzlich kehrt und kam schnell auf sie zu. Mattilda wandte sich rasch um und hielt den Vorsprung.

Aber es war noch eine andere Seele da, die sie hören konnte. Annie! Mattildas Angst wurde unerträglich. Sie war überzeugt davon, daß er das Baby ohne Gewissensbisse zerschmettern würde, falls sie ihm dafür auch nur den geringsten Anlaß böte. Sie mußte versuchen, ihn aus dem Haus zu locken. Nach der nächsten Runde um den Tisch rannte sie zur Tür, hatte sie schon halb auf, als er sie zu fassen bekam, die Tür zuwarf, Mattilda mit dem rechten Arm erbarmungslos an sich drückte, während er mit der linken Hand gewaltsam über ihren Körper strich, ihre Brüste packte und drückte. Er flüsterte: »Alles dran, Mattilda.«

Sie fühlte sich besudelt. Wehrte sich stumm, durfte nicht schreien, damit Annie nicht wach wurde. Seine Hand berührte ihren Hals und ihr Gesicht, sie packte zu und biß, spürte Knochen zwischen ihren Zähnen, schmeckte salziges Blut. Spuckte aus.

Er heulte auf, hob sie hoch in die Luft, warf sie dann zu Boden, beugte sich über sie und schlug ihr mit geballter Faust ins Gesicht.

»Verdammte Schlampe«, sagte er wütend. »Wenn du dich nicht ordentlich benimmst, dann tu ich's auch nicht.« Seine Faust knallte gegen ihr Kinn, und sie konnte spüren, wie es nachgab und lose herunterhing.

Mattilda verlor kurz das Bewußtsein, fing aber fast augenblicklich wieder an zu kämpfen, rollte sich von ihm weg unter den Tisch, versuchte aufzustehen, um wegrennen zu können.

Er packte sie wieder, diesmal zerrte er ihr das Kleid vom Leib, riß die Unterwäsche auseinander. Er drückte sich gegen sie.

»Nein. Nein. Tun Sie es nicht, Ray Beard. Bitte. Ich bin noch keine sechzehn. Bitte nicht.« Sie drehte und wendete sich.

Er schlug sie wieder, ließ seine Hose herunter. »Du bist alt genug, um Spaß daran zu haben. Wart's nur ab. In einer Minute weißt du Bescheid, wie schön das ist.«

Sie war schon fast wieder auf den Beinen, da warf er sie erneut zu Boden. Drehte ihren Kopf zu sich herum. »Jetzt guck mich an!«

Nichts sehen, befahl sie sich selbst. Nichts hören. Nichts fühlen. Nichts mit diesem Horror zu tun haben.

Aber es gab keine Möglichkeit, dem stechenden Schmerz in ihr zu entgehen, als er sie mit bestialischer Gewalt nahm. Sie fing an zu schreien und schrie ohne Unterlaß. Er ignorierte ihre Schreie, hastete zur Erfüllung, wälzte sich dann mit geschlossenen Augen zur Seite. Sie wandte sich um, immer noch schreiend, wund vor Schmerzen, blutend. Angewidert. Ein Mann ohne Seele hatte ihre Seele gestohlen und benutzt und wertlos zurückgelassen. Ihr Schreien wurde zu Schluchzen.

Er schaute zu ihr auf, seine Augen waren nicht mehr so tot. Wo sie gelegen hatte, war ein Blutfleck, und er lächelte: »Ich hab dich also als erster gekriegt.« Er reckte sein Kinn, war mit ihr fertig. Fürs erste. Er stand auf, sah sich um, als wäre er in seiner eigenen Küche.

»Ich trinke eine Tasse Kaffee, und du räumst hier ein bißchen auf, ja? Du willst doch nicht, daß sie erfahren, was geschehen ist, oder? Wäre auch nicht gut, Daniel Durham zu erzählen, daß ich als erster dran war. Deine Mutter würde uns beide gleich verheiraten wollen, verstehst du. Mir wäre das zwar recht, aber dann würde ich dir schon den Hof machen wollen, wie es sich gehört. Du hättest mich dazu wirklich nicht überreden dürfen.«

Das war doch nicht möglich! Jeden Augenblick würde sie sich übergeben, um das schändliche, eklige Gefühl loszuwerden.

»Ich habe doch überhaupt nichts gesagt«, sagte sie bitterlich weinend.

»Wer wird dir schon glauben? Doch eher mir, wenn ich sage, daß wir beide uns für heute morgen verabredet haben? Und daß du mich bis zum Überdruß gereizt hast? Es ist besser, du schaffst hier Ordnung und vergißt die ganze Sache. Dann ist das für dich auch nicht peinlich.«

Die Worte plätscherten dahin, Rechtfertigungen, Schmeicheleien, Befehle, und ihre Verwirrung wurde immer größer. Stimmte es, daß sie nun ihm gehörte, weil er der erste war? Stimmte es, daß ihre Familie und Daniel glauben würden, es wäre ihre eigene Schuld gewesen, daß sie es herausgefordert hätte? Stimmte es, daß sie sich beschmutzt hatte, daß sie sich den Schaden selber zugefügt hatte? Sie zitterte vor Haß und Schmerz. Eines wußte sie ganz sicher: Ray Beard war noch nicht fertig mit ihr.

»Verdammtes Babygeheul«, sagte er. Ihr wurde bewußt, daß Annie schon eine ganze Weile schrie. Benommen folgte sie den Befehlen, wickelte sich so gut es ging in ihre zerrissenen Sachen und wollte dann ins Schlafzimmer, zu dem Baby. Beeil dich! Sonst kommt Annie noch angekrabbelt.

»Warte!« befahl er.

Sie drehte sich furchtsam um, versuchte, in seinen Augen zu lesen. Sie waren schon wieder tot.

Still und gespannt stand sie da, versuchte die anwachsende Panik zu unterdrücken. »Ich muß ihr die Windeln wechseln«, sagte sie merkwürdig nuschelnd. Ihr Kiefer mußte gebrochen sein.

»Laß sie«, sagte er und wollte aufstehen.

»Nein, lassen Sie mich die Windeln wechseln«, bat sie.

»Dann werden wir nicht mehr gestört.« Sie ließ ihr Kleid und ihren Unterrock fallen und stand nackt bis aufs Hemd vor ihm. Ihr Herz hämmerte schmerzhaft.

»Oho. Da hab ich wohl recht gehabt, was?« Er lachte, ließ sie mit einem Wink gewähren.

Sie riß beide Türen des Vorratsschrankes auf, hoffte, daß das Gewehr nicht herausguckte, und fummelte in der Wäsche herum.

»Was machtst du?« fragte er.

»Ich suche eine Windel.«

Sie hatte es, noch unter der Wäsche versteckt. Mit diesem Gewehr hatte sie noch nie geschossen, aber sie hatte einen ganzen Oktober lang Schießen gelernt, Papa war ihr Lehrer gewesen. Wo war der Abzug? Hier. Sie hatte ihn.

»Was machst du da?« wiederholte er laut.

»Hab diese Windel hier geholt«, sagte sie, richtete sich auf und wandte sich mit dem Gewehr zu ihm um, den Finger schußbereit am Abzug.

Sie beobachtete ihren Feind. Freute sich an seinem heftig zischenden Atemzug, dem Schweiß, der ihm auf dem Gesicht ausbrach, vergnügte sich an seinen blassen, dürren Beinen, war voller Haß auf dieses Wesen vor ihr, und sie geriet außer sich vor Wut, als sie bemerkte, wie seine Zuversicht schnell zurückkehrte, weil sie nicht schoß.

»Also, Mattilda, wenn du heute nicht mehr willst, dann ist das schon in Ordnung. Wann immer du mich willst, laß es mich wissen. Aber heute nicht mehr, ja?«

Er bewegte sich ausgesprochen vorsichtig auf seine Sachen zu.

»Keinen Schritt weiter«, sagte sie. »Wir warten, bis meine Familie kommt . . .«

Er erstarrte in gebückter Haltung. Dann bewegte er sich wieder, richtete sich auf.

»Du willst, daß sie uns so zu sehen bekommen? Du willst, daß sie erfahren, was du getan hast?«

Verwirrung. Unsicherheit. Der Gewehrlauf beschrieb einen kleinen Kreis. Der triumphierende Blick in seinem

Gesicht warnte sie vor seiner Aktion. Sie hatte kaum Zeit zu zielen und zu schießen, als er sie ansprang.

Der Knall war ohrenbetäubend. Sie wurde vom Rückstoß umgeworfen, hustete im aufsteigenden Qualm, packte das Gewehr fest und schwang es wie eine Keule.

Nicht nötig. Ray Beard saß auf dem Boden und starrte in wilder Verzweiflung auf das klaffende Loch in seinem Schoß. Seine Hände versuchten emsig, die herausquellenden Eingeweide zurückzustopfen. Er packte sie und drückte sie hinein, packte wieder zu, schaute voller Entsetzen zu ihr auf. Das strömende, glitschige Blut erschwerte sein Vorhaben.

Sie hielt das Gewehr bei Fuß, so wie sie es bei Bill und ihrem Papa bei den Militärübungen gesehen hatte.

»Nein, Ray Beard«, sagte sie. »Heute nicht. Und morgen auch nicht.«

Ray Beard gab nicht auf. Er war viel zu beschäftigt, um ihr zuzuhören.

»Erinnerst du dich an Jason?« fragte sie beiläufig. Keine Antwort. Nur ein hektisches Stopfen und Halten und wieder Zupacken. »Jason müßte hier sein. Zuerst war es Jason. Dann Sarah. Und jetzt ich.« Sie hielt inne. »Und jetzt bist du dran.«

Ray Beards Hände blieben plötzlich in seinem Schoß liegen und waren sofort wieder voll, all seine Arbeit war umsonst gewesen. Sein Kopf lehnte sich seitwärts an den Stuhl, und seine Augen starrten an die Decke, viel lebendiger als zuvor, als sie noch sehen konnten.

Mattilda wartete. Er war tot. Sie nahm eine Flickendecke und wickelte sie um sich, dann versorgte sie Annie. Es war das zweitemal, daß sie in diese Decke gehüllt war, während sie sich um Annie kümmerte.

Zorn und Ekel ließen nicht nach, auch nicht, als sie Annie fütterte, als sie ihre Mutter schreien hörte: »Mein Gott, das ist Ray Beards Pferd«, als die Tür aufgestoßen wurde und Joes Krücken auf dem Boden dröhnten, als sie die anderen in schnellen, weichen Sätzen reden hörte, als sie auf die Frage: »Hat er dich gekriegt?« nickte, als sie die Geborgenheit in den Armen ihrer Mutter spürte.

Alle diese Dinge waren weit weg und unwirklich, und sie wußte, sie konnte das einzige, was wirklich war, nie wieder loswerden – den Haß und den Zorn.

47. Kapitel

Während die Mutter Mattilda badete und ankleidete, in der weichen, vertrauten Sprache ihrer Kindheit auf sie einredete (sie Peejib nannte, den uralten Babynamen), packten die anderen Ray Beard in den Wagen, deckten ihn mit staubigen Getreidesäcken ab. Ihre ganze Familie ritt zum Geleit mit, aber nicht wegen Ray Beard, sondern um sie zu schützen, das wußte Mattilda. Sie gingen in das Büro von Richter Stinson, damit er sie sofort anhörte.

Mattilda hatte aufgehört zu zittern, war in Totenstille verfallen, aber da nur ihre Mama und der Richter im Raum waren, konnte sie die Sache zu Ende bringen, erklären, was vorgefallen war, wobei sie wußte, daß er über die Vergewaltigung schweigen würde. Manchmal mußte er ihr eine Frage zwei- oder dreimal stellen, um sie aus ihrem Traum herauszuholen.

An diesen Traum klammerte sie sich. Sie war mit Sarah an der Klippe fischen, ohne viel zu reden oder sich zu bewegen; sie genossen einfach die Sonne und ihr Zusammensein. Nach jeder Antwort, die der Richter ihr entlockte, kehrte sie zu dem Traum zurück.

Schließlich sagte der Richter voller Abscheu: »Sagen Sie ihnen, sie sollen Ray Beard im Vorraum lassen, und ich kümmere mich darum, daß er abgeholt wird.« Er behielt Mattilda und ihre Mutter bei sich, bis die Leiche außer Sicht war. »Eine weitere Anhörung ist nicht nötig, Miss

Mattie«, sagte er. »Es war gerechtfertigte Notwehr.« Er schüttelte ihr und Mama die Hand.

Auf dem Weg nach Hause blieb Mattilda ihrem Traum verhaftet. Einmal fing Sarah einen Fisch, der silbrig in der Sonne glitzerte, doch das schien ihm nichts auszumachen, ihm keinen Schmerz zu bereiten.

48. Kapitel

Zwei Mattildas lebten in ein und demselben Körper; die eine folgte der gewohnten Routine der Farmarbeit, dem Nähen und Kochen, den Gesprächen mit der Familie. Aber die zweite Mattilda, die Fremde, die Verborgene, hatte die erste Mattilda in der Gewalt. Sie schaute in plötzlicher Furcht hinter sich, wenn sie auf dem Weg zur Mühle war, hörte mit stillem Haß dem arroganten männlichen Geschwätz zu, das sie nie zuvor gestört hatte. Erinnerte sich an den Gewehrknall. Wünschte, daß sie bald aufwachen würde und diesen Alptraum hinter sich hätte. Die verborgene Mattilda kümmerte sich nicht um die besorgten Blicke ihrer Mutter oder die Bemühungen ihrer Schwestern, mit ihr zu reden, Joes kleine liebevolle Geschenke. Kümmer dich nicht darum, flüsterte die verborgene Mattilda, weil es nicht wirklich ist, und wenn du daran glaubst, dann wird es dich rühren und deine tote Seele erwecken. Es wird wieder schmerzen.

Der Küchenfußboden war gründlich weiß geschrubbt worden, aber oft sah die verborgene Mattilda das Blut, das sie dort verloren hatte, und um das aufsteigende Entsetzen zu vertreiben, wandte sie den Blick sofort ein Stück zur Seite, wo Ray Beard hastig versucht hatte, seine Eingeweide zurück in den Bauch zu stopfen.

Ihre ganze Familie war in der Küche in die üblichen

Abendbeschäftigungen vertieft: Mama stopfte Socken mit dem wunderschönen Stopfpilz, den ihr Joe geschnitzt hatte, Joe saß auf seiner Pritsche und arbeitete an einer Violine, die er, wie er schwor, unbedingt fertig bekommen wollte – und wenn es bis ans Ende seines Lebens dauerte. Marjorie und Annie lehnten im Schaukelstuhl (Madonna und Kind), Elizabeth röstete Mais. Mattilda und Papa saßen am Tisch, beide still, aber sehr fern voneinander. Sie nahmen nicht am Gespräch teil, trotz aller Versuche der anderen, sie mit einzubeziehen.

Mama legte ihr Stopfzeug hin und setzte sich zu ihnen, nahm Mattildas Hand, worauf die verborgene Mattilda die Arme um sich schlang und sich steif machte. Mama sprach leise mit ihr.

»Mattie, es ist nicht fair, daß du Daniel nicht mehr schreibst. Er weiß, daß du Ray Beard töten mußtest. Er würde dich immer noch wollen, auch wenn er – äh – das andere wüßte, was du durchgemacht hast. Glaubst du das nicht?«

Die verborgene Mattilda kam mit einem plötzlichen Wutausbruch zum Vorschein: »Aber ich will Daniel nicht.« Was die alte Mattilda gleich wieder bedauerte, als sie den niedergeschlagenen Ausdruck im Gesicht ihrer Mutter entdeckte. Ich weiß, Mama, dachte sie. Du sorgst dich, weil ich meine Tage noch nicht bekommen habe. Du machst dir Sorgen, was aus mir wird, falls ich schwanger bin. Das brauchst du nicht, ich werde niemals ein Kind von Ray Beard auf die Welt bringen. Erst werde ich sterben, und dann wird es sterben, das arme unschuldige Monster.

»Dann mußt du es Daniel sagen und ihn freigeben.«

Also nahm sich Mattilda ein Blatt Papier und schrieb: *»Lieber Mr. Durham, ich bin zu der Auffassung gekommen, daß ich unsere Freundschaft nicht mehr fortsetzen möchte. Mattilda Repass.«* Sie gab ihrer Mutter den Brief, sagte ihrer Familie gute Nacht, ging zu Bett, aber nicht, ehe sie sich mit einem schnellen Blick davon überzeugt hatte, daß an jedem Fenster der Rolladen dicht geschlossen war.

49. Kapitel

April 1865

Daniel Durham kam mit einem gemieteten Wagen, um Mattilda zurückzugewinnen. Wahrscheinlich gab er dafür sein ganzes Geld aus, davon war Mattilda überzeugt, genau wie er sich wahrscheinlich ohne Erlaubnis von seiner Truppe entfernt hatte.

Ihre Mutter drängte sie flüsternd: »Geh mit ihm und erklär's ihm. Soviel bist du ihm schuldig.«

Also kletterte sie auf den Wagen, wobei sie vor seiner ausgestreckten Hand zurückschreckte, setzte sich ganz nach rechts an den Rand und starrte hinaus in den Wald. Sie bemerkte, daß sogar das blasse Frühlingsgrün sie ungerührt ließ. Beide schwiegen, aber einmal kreuzten sich ihre Blicke. Daniels Augen blickten verwirrt und todunglücklich. Blauäugiger Schotte, dachte sie, ohne dabei die geringste Zuneigung zu empfinden.

»Die Bundestruppen haben die Eisenbahnverbindung nach Lynchburg«, sagte er. »Wir können sie nicht aufhalten. Ich glaube, der Krieg ist so gut wie vorbei.« Er schaute sie an, in der Hoffnung, sie würde den Faden aufnehmen, aber ihr verborgenes Selbst widerstand ihm und sträubte sich gegen die Hoffnung, die sich in ihr regen wollte.

»Ich werde bald für immer zu Hause sein, glaube ich«, sagte er. »Es will zwar niemand wahrhaben, aber unsere Armee stirbt stehenden Fußes.« Er wartete ab. Sie verharrte in ihrem Schweigen.

»Ich komme für immer nach Hause, und ich möchte mehr mit dir zusammensein«, sagte er.

Sie schüttelte den Kopf. »Jetzt ist alles anders, Daniel. Nichts wird mehr sein, wie es war.«

Er ging schnell darauf ein, damit das Gespräch weiterlief. »Warum, Mattilda? Was soll denn das mit uns zu tun haben? Du brauchst dich doch nicht schuldig zu fühlen, weil du ihn getötet hast. Du hattest das Recht, dich zu verteidigen. Warum soll es deswegen anders sein?«

Sie sagte es ihm, benutzte das Wort, das keiner benutzte.

»Er hat mich vergewaltigt.«

Hilflose Verwirrung, dann ein mächtiges Beben seiner Schultern und Schluchzen. Daniel weinte! Einen Augenblick lang war die alte Mattilda versucht, eine tröstende Hand auszustrecken, aber die neue, bittere Mattilda dachte, o ja, weine du nur über das ach-so-wichtige Ding, das ich verloren habe. Heul du nur, weil du nicht der erste warst.

»Warum weinst du, Daniel?« fragte sie grob.

Er schaute auf, erstaunt über ihre Frage. »Ich weine, weil er meiner Liebsten Gewalt angetan hat. Ich weine, weil du ihn getötet hast und ich es nicht mehr tun kann. Ich weine, weil ich ihn töten möchte.«

Oh, sie wußte, wie ihm zumute war. Manchmal, wenn sie ihrem Alptraum nachhing, dann wünschte sie, daß Ray Beard länger gelebt hätte, daß sie sein Gesicht mit dem Gewehrkolben zerschmettert, daß sie ihn getreten, ihren ganzen Haß an ihm ausgelassen hätte.

Aber Daniel hatte sie seine Liebste genannt. Dachte er so von ihr? Die beiden Mattildas wurden für kurze Zeit zu einer einzigen Person, und die wandte sich etwas sanfter an Daniel.

»Da ist noch etwas, Daniel. Ich habe seitdem keine Periode mehr gehabt.«

»Oh.« Er wollte nach ihrer Hand greifen, ließ aber davon sofort ab, als sie von ihm abrückte. »Dann sollten wir sofort heiraten.«

»Nein, ich werde kein Monster zur Welt bringen.«

»Monster?« sagte er verständnislos. »Dein Baby?«

»Ich werde es nie bekommen«, sagte sie. »Und du darfst nicht mehr kommen, bis ich es sicher weiß. Es ist mein Schmerz, mit dem ich fertig werden muß, und du kannst mir nicht helfen.«

Er brachte sie nach Hause, ohne daß es ihm gelungen war, sie umzustimmen. Sie gaben sich zum Abschied mit formeller Höflichkeit die Hand. Es tat Mattilda nicht weh, als er ging, sie fühlte sich besser, zwar immer noch so zusammengewürfelt wie eine Flickendecke, aber wenigstens in einem Stück.

50. Kapitel

Sie blieb so gespalten. Die Bemühungen der Familie, zu ihr durchzudringen, wurden verstärkt.

»Was hat Daniel gesagt?« fragte Mama. »Oder besser, was hast du gesagt?«

Es kostete ihre Mutter Überwindung, sie zu fragen, das wußte Mattilda, denn schon eine Woche war vergangen, ohne daß sie ein Wort über ihr Gespräch mit Daniel verloren hätte. Ihre Mutter hatte den gleichen entschuldigenden Ausdruck wie Leute, die sagten: ›Geht mich ja eigentlich nichts an, aber ich würde es zu gerne wissen . . .‹

»Oh, nichts weiter«, antwortete Mattilda und versuchte so zu tun, als ob sie die ganze Wahrheit erzählte. »Ich habe ihm gesagt, was geschehen ist.«

Mama wartete.»Und das ist alles?«

»Ich habe ihm gesagt, daß ich vielleicht schwanger bin.«

Die Pupillen ihrer Mutter weiteten sich zu einem scharfen, aufmerksamen Blick. »Und das ist alles? Du mußt doch gar nicht unbedingt schwanger sein. Manchmal ist es die Angst vor der Schwangerschaft, die die Periode ausbleiben läßt. Aber was hat Daniel zu all dem gesagt?«

Mattilda konnte nicht mehr erzählen, ohne zu gestehen, daß Daniel sein Heiratsangebot erneuert hatte. Und dann würde ihre Mutter sie sofort wieder heftig zum Heiraten drängen. Also wandte sie sich eigensinnig ab. Niemand würde sie dazu bewegen können, Daniel zu heiraten und Ray Beards Kind zu bekommen.

Bill und Joe fingen an, einen weiteren Raum anzubauen. Mattildas Gedanken verweilten bei den schrecklichen Stümpfen, den Fingern und dem Bein, und ihrer eigenen Verwundung. Wie konnten sie einfach so weitermachen? Niemals zugeben, daß ein Teil von ihnen gestorben war?

Die beiden jungen Männer, die nun wieder zu Hause waren, zusammen als Brüder, drückten ihre Freude in Gelächter und Liedern aus. Mattilda saß am Fenster, die Stille in ihr blieb unberührt von der lärmenden Heiterkeit, nur ein mildes Erstaunen bewegte sie, daß die Wunden ihrer Brüder offenbar nicht tiefer gingen.

»He, Mattie, komm und hilf uns«, rief ihr Joe immer wieder zu. Sie antwortete nie. Sie mochten albern sein, wie sie wollten – sie würde sich nicht daran beteiligen.

»He, Mattie«, rief Joe wieder. »Du hast Besuch.« Sie spürte eine kurze Panik aufsteigen, weigerte sich aber zu antworten. Es würde Daniel sein, und ihn würde sie nicht empfangen.

Sie wartete, angespannt und ängstlich, hörte ein langsames Stolpern im Haus, hörte Bill sagen: »Na also, du hast es geschafft.« Sie wandte sich um und konnte nicht glauben, daß es Grandpa Hume war. Es war das erste Mal, daß sie ihn wiedersah, seit er zu sich nach Hause zurückgekehrt war. Er war alt, sehr alt, stand unsicher schwankend in der Tür, zitterte, hielt sich mit fahriger Hand am Türrahmen fest. Versuchte, seine Augen an die Dunkelheit im Raum zu gewöhnen und Mattilda darin auszumachen. Und all diese Mühe nur ihretwegen.

»Mattie, meine Süße?« Seine Stimme war dünn geworden. In ihr tobte ein Aufruhr an Gefühlen. Sie konnte Grandpa Hume nicht widerstehen, obwohl sie demjenigen böse war – wer immer das sein mochte –, der ihn geholt hatte. Das war nicht fair. Ihre Liebe zu dem alten Mann wurde ausgenutzt. Sie stand auf, um ihn zu begrüßen, und sie hielten sich wortlos in den Armen.

»Nun sag mir, was los ist, Mattie«, wies er sie an. Sie saßen zusammen im Wohnteil des großen Raumes, der plötzlich von der ganzen Familie verlassen worden war. Sie versuchte zu überlegen, was sie sagen sollte. Es war schwer, ihm etwas zu erklären, was sie selber nicht genau wußte.

»Na ja«, fing sie an. »Du weißt, daß Bill und Joe verwundet wurden.«

Er nickte, betrachtete sie genau, versuchte nicht, es ihr leicht zu machen. Sie mußte sich erst an sein verfallenes Gesicht, seinen erschöpften Ausdruck, seinen zitternden Arm gewöhnen. Wie konnte er nur hoffen, ihr Kraft geben zu können? Sie hatte nicht den geringsten Zweifel, daß er nur aus diesem Grund gekommen war.

»Es ist, als ob ich auch verwundet bin«, sagte sie.

Er nickte. »Das kann ich verstehen. Ich bin auch verwundet. Guck dir das an.« Er hob seinen Arm hoch, schaute, wie er flatterte – wie der Schwanz eines Stars. Lachte. »Das ist meine Verwundung. Ich kann dieses verdammte Ding nicht stillhalten.«

Ihre Niedergeschlagenheit vertiefte sich. Jeder war krank oder wund oder verletzt, sogar Grandpa Hume, und er lachte darüber. Er konnte sicher nichts verstehen.

»Das ist die Narbe meiner Kriegsverletzung«, sagte er und grinste seinen gelähmten Arm an. »Eine Kriegsverletzung wie deine.«

»Was meinst du damit – Kriegsverletzung?«

»Die Anstrengung. Härtere Arbeit, als ich leisten konnte. Die Furcht vor dem Krieg und was er mit uns macht. Und so weiter. Vermutlich wäre das sowieso passiert mit dem Arm, aber später und nicht so schlimm. So wie deine Kriegsverletzung, die dir zugefügt wurde durch einen Mann, dessen Verderbtheit durch den Krieg zum Zuge kommen konnte. Ohne den Krieg wärst du niemals allein im Haus gewesen, während der Rest der Familie auf dem Feld war.«

Das stimmte. Es waren Kriegsverletzungen. Aber was half das? In ihrem Innern schrumpfte sie immer weiter, als wäre sie ein Baum, der von gierigen Raupen entblättert wird. Sie konnte beinahe hören, wie deren krachende Kiefer ihre Seele zermalmten. Und es war ihr egal, ob und wie bald sie vollkommen verschwinden würde.

»Und du schwindest nicht?« fragte sie.

Er lachte kurz auf. »Ich? Zum Teufel nein, mein Schatz.« Er klopfte auf seinen zitternden Arm. »Das bin nicht ich. Das ist nur mein Arm. Ich hätschle ihn und sorge für ihn, streichle ihn und sage: Ist ja gut, du alter Arm. Aber das bin immer noch nicht ich. Wahrhaftig nicht.«

»Vielleicht bin ich schwanger«, sagte sie, um ihm zu zeigen, wie hoffnungslos ihre Verletzung war.

Er betrachtete ihr Gesicht. »Du schämst dich, ein Kind zu bekommen, weil du denkst, daß die Leute sagen werden: Da geht Mattilda Repass, schwanger mit Ray Beards Kind?«

Diese Frage war grausam, und sie zuckte zusammen.

»Ja, ich schäme mich. Ja, ich bin zornig. Ja, ich habe Angst. Ich werde dieses Kind nicht bekommen.«

Er wartete ab, bis sie sich beruhigt hatte. »Du sagst mir jetzt, daß du dich umbringen willst, und das ängstigt mich, mein Schatz. Du verabschiedest dich von mir, nicht wahr? Du willst mir sagen, ich soll mich auf eine leere Welt vorbereiten.« Plötzlich flossen ihm Tränen übers Gesicht, und er nahm Mattilda in die Arme, hielt sie dicht an sich, drückte mit seiner gesunden Hand ihren Kopf an seine Schulter, und sie weinten beide zusammen.

»Was soll ich denn sonst machen?« schrie sie. »Wie kann ich leben?«

Grandpa Hume beruhigte sich und fing langsam an zu sprechen. »Mit der Zeit wird deine Wunde heilen, so wie jede Wunde. Aber jetzt mußt du wider den Stachel löcken. Nimm dir eine Sorge nach der anderen vor und lebe sie aus. Sagen wir, du willst deine Gedanken über Ray Beard loswerden. Es ist leicht, alles vergessen zu wollen, aber tu das nicht. Lebe die Erinnerung aus. Laß es weh tun. Dann brülle, schreie, tobe, fluche.«

Grandpa Hume schlug ihr vor zu fluchen?

»So hackt man durch hartes Holz, immer ein Stückchen

weiter. So stutzt man den überflüssigen Teil mit einer Breitaxt.« Sein gesunder Arm durchschnitt die Luft.

»Dann mach dich wieder an deine Arbeit, auch wenn du das Gefühl hast, du machst nur mechanische Bewegungen. Warte auf die Chance, einen Baum zu betrachten oder einem Vogel zu lauschen. Schön langsam und ruhig. So habe ich meine Wunde geheilt.«

Noch nie in ihrem Leben hatte sie erlebt, daß Grandpa Hume unrecht hatte.

»Also gut, ich versuche es«, versprach sie.

Aber ihr Innerstes rollte sich zu einer harten, abweisenden Kugel zusammen, unberührt, starr.

51. Kapitel

Die Jungen waren am Mühlendamm und fischten für das Abendessen, als die Nachricht kam; deshalb sattelten Mattilda und Marjorie auf und ritten zu ihnen. Newt Jackson war dieses Mal still, tat geheimnisvoll.

»Haben Sie gehört, Newt?« rief Marjorie.

Er legte einen Finger auf die Lippen und rollte wild mit den Augen. »Pst. Psst. Ruhig.«

Er rannte die Mühlentreppe hinunter, sprach so leise, daß die Leute auf der Veranda und in den heranfahrenden Wagen nichts hören konnten. »Wir wollen nicht, daß sich das rumspricht. Lee hat kapituliert. Sie haben kapituliert, da hinten. Wir haben nicht kapituliert und haben auch nicht die Absicht, es zu tun. Wir werden sie immer noch schlagen.«

Mattilda und Marjorie guckten einander befremdet an, und Marjorie brach in lautes Gelächter aus.

Mattilda wandte sich zu den Leuten im Wagen, einer Frau und zwei halberwachsenen Kindern. »Der Krieg ist vorbei«, sagte sie. »Lee hat sich Grant ergeben. Der Krieg ist vorbei.«

Die Frau legte die Hände seitlich an den Kopf, so daß sie wie Hasenohren aussahen, und sperrte vor Staunen den Mund auf. »Gelobt sei der Herr«, sagte sie. Sie beugte sich vor, um ihre Jungen zu umarmen, dann wendete sie den Wagen und fuhr nach Hause.

»Siehst du, was du angerichtet hast?« grollte Newt.

Joe kämpfte sich den Pfad hoch. Bill brach durch den Wald und reichte Joe seine gesunde Hand, um ihm über eine schwierige Stelle zu helfen.

»Der Krieg ist vorbei, Brüder«, sagte Mattilda. Sie erwartete eine fröhliche Reaktion wie bei ihrer Mutter und ihren Schwestern, aber die Gesichter der Brüder blieben leer, unbeweglich.

»Was ist geschehen?« fragte Joe.

»General Lee hat sich gestern General Grant ergeben. Es ist alles vorbei.«

Ihre Brüder wurden blaß.

»Danke«, sagte Joe. Bill und er gingen schweigend zum Bach zurück, und die beiden Frauen machten sich auf den Weg nach Hause.

Es war merkwürdig, dachte Mattilda. Der Krieg war vorbei, und ihre Seite hatte verloren. Sie war froh gewesen, weil die anderen Frauen aus ihrer Familie sich gefreut hatten, aber niemand hatte dabei bedacht, wie die Nachricht auf ihre Brüder wirken würde.

Sie selber spürte keine Freude. Sie hatte den Krieg verloren, als Ray Beard durch die Tür getreten war.

Wann, überlegte sie, würde das mit der morgendlichen Übelkeit losgehen? Wenn das geschah, gäbe es keine Zweifel mehr, und sie würde eine Möglichkeit finden, ihrer Familie für eine Weile zu entkommen. Es brauchte nicht lange zu sein.

52. Kapitel

Mai 1865

Der Krieg war vorüber, aber immer noch zogen gelegentlich Banden von Plünderern, Abtrünnige der Bundestruppen und der Konföderierten, durch das Land, raubten Vorräte und Getreide. Deshalb mußte jeden Morgen die Kuh durch den Wald zu einer versteckten Weide getrieben und jeden Abend wieder nach Hause geholt werden.

Mattilda wünschte, sie dürfte allein gehen. Sie fühlte sich im Wald sicherer als zu Hause, wollte Zeit haben, um ihre Gedanken frei umherschweifen zu lassen, ohne unterbrochen oder bedrängt zu werden.

Aber neben ihr schnaufte Mama, voller Mißtrauen, voller Angst, daß Mattilda auf die Klippe steigen und hinunterspringen würde. Oh, sie kannte die Gedanken ihrer Mutter. Sie liefen parallel zu ihren eigenen wie die Schienen einer Eisenbahn. Allerdings gaben beide vor, etwas ganz anderes zu denken, wobei sie aber gleichzeitig versuchten, so sanft wie mit Schneckenfühlern die Gedanken der anderen aufzuspüren.

Ihre Mutter schimpfte ununterbrochen auf Gentle, die Kuh, um sie voranzutreiben. Zu anderen Zeiten hätte Mattilda darüber wie wild gekichert, denn sie wußte, wie leicht es war, Gentle dazu zu bewegen, den Pfad hinunterzusteigen. Eine kleine Berührung mit der Gerte genügte schon, um sie zu lenken.

Sie trieben die Kuh die Straße hinunter bis zu dem Pfad, der zur Weide führte, und wie immer suchten sie die Straße in beiden Richtungen nach Reisenden ab. Die Straße war leer, sowohl in Richtung Kirche als auch in Richtung Mühle, und sie betraten den Wald, Gentle voran.

Mattilda meinte, ein Pferd gesehen zu haben. Deshalb trat sie zurück auf die Straße, denn oft hielten Reiter, die von der Mühle kamen, bei ihnen an, um ihnen die neuesten Nachrichten mitzuteilen.

»Ich glaube, ich habe jemanden gesehen, Mama. Bleib stehen, Gentle.« Sie legte die Hand auf den Nacken der Kuh und wartete darauf, daß der Reiter jenseits des Hügels wieder auftauchte.

»Wenn da wirklich jemand war, dann ist der so langsam wie eine Schnecke«, sagte ihre Mutter.

Aber dort: ein Pferd oder Maultier, das geführt wurde. »Es ist eine Frau«, sagten sie beide gleichzeitig und mußten darüber lächeln.

Sie warteten geduldig. Wahrscheinlich war es jemand, der Hilfe brauchte und von Mamas Kenntnissen und Kräutervorräten wußte.

Das Gesicht der Frau war von ihrem Sonnenhut verborgen.

»Wer kann denn das sein?« sagte Mattilda. »Ich habe das Gefühl, ich kenne sie.«

»Sie läuft genau wie Grandma Justice«, verkündete ihre Mutter.

»Da ist noch jemand auf dem Pferd, ein Kind«, sagte Mattilda.

»Es kann doch nicht . . .«, sagte ihre Mutter mit leiser Stimme. »Es kann doch nicht . . .«

In diesem Augenblick sah die Frau auf, schob ihren Hut aus dem Gesicht und starrte sie an. Sie versuchte, das bedächtige Maultier zur Eile zu bewegen.

»Sarah!« schrie Mama. »Sarah! Sarah!«

Mattilda und sie rannten los, Gentle blieb verblüfft zurück, machte sich dann aber gehorsam auf den Weg durch den Wald.

Es war Sarah. Ihre freie Hand winkte und winkte. Und da kam sie heran, sehnig und hager, nicht schlank wie einst, nicht mehr so aufrecht, ihr Mund straff und grimmig, eine ständige Falte zwischen ihren Augenbrauen und ein besorgter Ausdruck, den sie früher nie gehabt hatte. Und doch war es Sarah, ihre Sarah.

Mutter und Tochter stürzten aufeinander zu, hingen aneinander, und Mattildas Augen schwammen, als sie sich daran erinnerte, wie Sarah bei ihrem letzten Zusammentreffen geschrien hatte: »Mama, was geschieht mit uns?«

Und jetzt war Mattilda dran, sehnsüchtig umarmt zu werden.

»Ich habe gehört, daß du ihn umgebracht hast, und ich bin gekommen, um dir dafür zu danken«, sagte Sarah. »Das war ausgleichende Gerechtigkeit.«

Sie konnte von der Vergewaltigung nichts wissen, das wurde in der Familie geheimgehalten. Aber das spielte jetzt auch keine Rolle, Sarah war zu Hause, ihre ganze Familie war zu Hause. Michael nicht, Bland junior nicht, schoß es ihr flüchtig durch den Kopf. Doch was von ihrer Familie übrig war, war wieder vereint.

Und als sie hörte, wie Sarah sich bei ihr bedankte, löste sich diese abweisende Kugel in ihrem Inneren auf, verteilte sich in ihrem ganzen Körper, war wieder ein Teil von ihr selbst. Die Spannung ließ nach, und Mattilda fing an zu weinen.

»Guter Gott, ich habe ja meinen Enkel noch gar nicht begrüßt«, sagte ihre Mutter. Alle drei Frauen wandten sich zu dem kleinen Jungen um, der wie ein Großer auf dem Maultier saß. Seine braunen Augen musterten sie ernst.

»Er ist seinem Daddy wie aus dem Gesicht geschnitten«, sagte Mama.

Sarah nickte und lächelte. »Handelt wie er. Läuft wie er.«

»Mein Daddy ist im Krieg gefallen«, verkündete er Mattilda.

»Ich weiß«, bestätigte sie, wie unter Erwachsenen.

»Warst du im Krieg?« fragte er.

»O ja«, sagte sie inbrünstig.

»Auf welcher Seite warst du?«

Das war seltsam. Sarah war gerade erst da und noch fremd – sie hatten noch nicht wieder völlig zueinander gefunden. Aber sie mußte ihm ernsthaft antworten.

»Ich weiß es nicht. Als dein Daddy starb, war ich auf der

Seite des Nordens. Als Michael starb, war ich für den Süden. Als die Südstaatensoldaten Lebensmittel aus Bland Countians stahlen, haßte ich sie, aber als die vom Norden unser Haus verbrannten, haßte ich die. Und immer, wenn ich mit Docia rede, bin ich auf der Seite von deinem Daddy.«

Sie holte tief Luft, ein bebender Atemzug. »Und als ich verwundet wurde, haßte ich den ganzen Krieg und alle, die mitgemacht haben. Also, ich weiß es nicht. Ich glaube, daß ich auf keiner Seite bin.«

Für Jason war die Frage erledigt, und die Antwort langweilte ihn schon. Er trat dem Maultier in die Seite. »Los, Mulehead, geh!«

Mattilda lachte. »Mulehead?« Sarah würde staunen, daß sie den alten Mulehead noch durchfütterten, ein teurer und sentimentaler Luxus, zum Dank für all das, was er für sie getan hatte.

Sie machten sich auf den Weg nach Hause, der kleine Jason lief jetzt zu Fuß an Mattildas Hand, als hätte er sie schon immer gekannt. Sie war still, lauschte dem eifrigen Gespräch zwischen ihrer Mutter und ihrer Schwester.

Plötzlich spürte sie einen heftigen Schmerz in ihrem Bauch. Und noch einen Stich.

»Mama«, sagte sie und versuchte, ihre Stimme trotz der plötzlichen Hoffnung ganz ruhig zu halten. »Es fühlt sich an, als ob ich meine Periode bekomme.«

Ihre Mutter strahlte, und Sarah schaute erstaunt auf.

»Geh nach Hause und guck nach«, drängte ihre Mutter.

Mattilda rannte wie ein Pferd.

»Nicht rennen!« rief ihre Mutter. Mattilda wußte, was das bedeutete. Falls du doch schwanger bist. Sie rannte weiter. In ihrer Nervosität bekam sie kaum den Riegel vom Abtritt auf. Schnell, schnell. Sie untersuchte ihren Schlüpfer. Da war es. Es war das erste Mal in ihrem Leben, daß sie dankbar war, Blut zu sehen.

Sie raste vom Abtritt zum Haus.

»Ich hab sie! Ich habe sie!« schrie sie fröhlich, während Mama und Sarah lachten.

Joe und Bill steckten verwirrt die Köpfe durch den Türspalt.

»Was hast du denn?« fragte Joe.

»Mir ist unwohl!« rief Mattilda.

»Mat-*til*-da!« schimpfte ihre Mutter, immer noch lachend.

»Mein Gott, ist dir was passiert?« fragte Joe und kam herbeigehumpelt. Dann wurde ihm klar, was sie meinte, er wurde rot, grinste. »Oh. Das freut mich aber.«

»Was?« fragte Bill. »Was?«

Joe wandte sich um, um es ihm zu erklären. Dann sah er Sarah und eilte zu ihr, aber Mattilda kümmerte sich überhaupt nicht um die anderen, sondern schlug perfekte Räder über den Hof, Rock und Füße flogen durch die Luft, während der kleine Jason sich im Gras wälzte und vor Vergnügen quietschte, und Mama rief: »Jetzt hör auf damit, Mattilda Repass, laß das sein. Hörst du mich! Hör auf damit!«

Aber sie tobten weiter, Tante und Neffe, nichtsnutzig und albern wie kleine Kätzchen, bis sie schließlich hilflos lachend vor Erschöpfung auf den Boden purzelten.

53. Kapitel

Juni 1865

Mattilda hatte sich wieder verändert, war fast wieder die alte. War nicht mehr im Schwinden begriffen. Sie saß mit Docia auf der Schaukel, die sie ab und zu mit den Zehen anstießen.

Docias Augen verrieten, daß sie Bescheid wußte. »Ray Beard ist über dich hergefallen, stimmt's?« Das sollte heißen: hat dich vergewaltigt.

»Ja.« Es hatte keinen Sinn, etwas verbergen zu wollen, was Docia mit ihrem schnellen Verstand längst erfaßt hatte.

»Aber du erwartest kein Kind.« Sicherheit in der Stimme.

»Nein. Aber ich hab's geglaubt.«

»Ich hab's gewußt.«

»Woher?«

»Du warst immer so abwesend, hast mir nicht zugehört, wenn ich dich was gefragt habe, hast nicht mehr geredet, nicht mal mehr über Daniel. Hast ein paarmal übers Sterben gesprochen. Ich wußte, was los war.« Docia warf ihr einen merkwürdigen, zornigen Blick zu. »Mir ist das auch schon mal passiert.«

Mattilda staunte. »Wann? Wo?«

»In der Nacht, als Lucas zurückkam, um zu sterben.«

»Oh, nein! Wer war es?«

Docias Zorn glühte heiß und lebendig wie Lava. »Dein Onkel George.«

Mattilda war bestürzt, ihr wurde übel. »Hast du's Mama gesagt? Oder Papa?«

»Nein. Es ist die Pflicht des Niggers, gefällig zu sein und den Mund zu halten, erklärte er mir.« Ihre Worte peitschten wie Gerten durch die Luft.

»Verdammt sei seine Seele«, sagte Mattilda. »Für immer und ewig. Amen.«

»Sag so was nicht, nicht einmal über ihn«, sagte Docia mit leiser Stimme.

Schweigend verharrten sie in ihrem Zorn. Schließlich fügte Mattilda hinzu: »Wir können froh sein, daß wir nicht schwanger wurden.«

»Ich war es. Mama hat mir geholfen, es wegzumachen«, sagte Docia.

»Ach.« Jetzt erinnerte sich Mattilda – Docias langes Schweigen und ihr Kränkeln nach Lucas' Tod.

»Hättest du es mir doch gesagt!«

»Hab ich beinahe. Aber Lucas wurde von Weißen umgebracht, und ein weißer Mann hat mir das angetan, dein Onkel. Da fand ich es eine Zeitlang schwer, dich von anderen Weißen zu unterscheiden.«

»Ja, das kann ich verstehen.« Mattilda wünschte sich sehnlichst, daß es anders gewesen wäre.

»Wenn ich heirate ...« Sie unterbrach sich, zögerte. Es war das erste Mal seit langer Zeit, daß sie das gesagt hatte. »Wenn ich heirate, dann bauen wir so schnell wie möglich ein Gästezimmer, und dann kommst du mich besuchen, und wir können so viel reden wie wir wollen, niemand kann uns das verbieten, und wir machen das Essen zusammen und erforschen die Wälder.«

»Und versorgen die Babys«, fügte Docia verschmitzt hinzu.

»Na ja. Ja.« Mattilda mußte darüber lachen, wie Docia ihre Luftschlösser einstürzen ließ. »Egal. Du wirst mich besuchen, und wir machen, was wir wollen.«

»Gut. Mach ich. Wenn du auch mich besuchst.«

»Ja, sicher. Das mach ich.«

Sie schwiegen wieder, bewegten die Schaukel ganz langsam, so daß sie kaum quietschte.

»Sag mir, Docia, was bedeutet ›Sajer‹?«

Docia kicherte. »Erst mußt du mir sagen, was Nigger bedeutet.«

Mattilda grübelte. Was sollte daran nicht klar sein?

»Ein Nigger ist ein schlechter Schwarzer.«

»Ein schlechter? Und wieso nennen dann die Weißen uns alle Nigger?«

Mattilda fühlte sich schuldig. Sie hatte es selber auch schon getan. »Weiß ich nicht.«

Docia überlegte. »Ein Sajer ist ein weißer Nigger.«

»Bin ich einer?«

»Nein«, wehrte Docia ab. »Das sag ich nur, wenn wir uns streiten. Hast du dich die ganzen Jahre darüber geärgert?«

Mattilda schüttelte den Kopf, obwohl sie wußte, daß sie ein klein wenig log. Das Gespräch verebbte angenehm.

»Ich enteigne ihn als Onkel«, sagte sie plötzlich. »Wart's

nur ab. Wenn er das nächstemal kommt, nenne ich ihn George, und wenn er mich deshalb ausschimpft, dann sage ich ihm, daß ich ihn nicht mehr als Verwandten betrachten kann, und wenn er wissen will, warum, dann sag ich's ihm.«

»Tu's. Mir ist das egal.«

Sie mochten ihr Gespräch nicht beenden, aber schließlich standen sie doch auf, und Docia sagte: »Ich find's gräßlich, gute Nacht sagen zu müssen. Ist so lange her, daß wir miteinander geredet haben, und schon bald gehst du weg und ich auch.«

Mattilda spürte eine Traurigkeit, die sie wie Musik umspann, und als sie gute Nacht sagen wollte, blieben ihr die Worte im Hals stecken.

54. Kapitel

November 1865

Kurz vor der Hochzeit ging Mattilda allein vors Haus. Jetzt verstand sie die Aufregung von Marjorie, damals bei ihrer Hochzeit, als sie den ganzen Tag an ihrem Webstuhl verbracht hatte.

Es war ein beißend kalter Novembertag, die Kälte drang in sie hinein, schnitt ihr die Luft ab, obwohl sie ein Korsett und ein Hochzeitskostüm und neue Handschuhe trug. Sie mußte jetzt zu Papa hineingehen.

Lange vor der Hochzeit hatte Mattilda zwei Streitgespräche mit ihrer Mutter gehabt (die sie beide gewonnen hatte). Sie würde nicht in der Kirche heiraten, sagte sie. Warum sollte sie? Sie hatten doch ein Haus.

»Was für eine Art von Hochzeit sollen wir denn hier veranstalten?« hatte ihre Mutter sie gefragt, wobei sie hilflos den Kopf geschüttelt hatte.

»Ich schäme mich dieses Hauses nicht«, hatte Mattilda sie bestürmt. An diesem Punkt war der Streit zu Ende, und Mama hatte ernsthaft mit der Planung begonnen.

Bei dem zweiten Streit hatte Mattilda darauf bestanden, daß ihr Vater der Brautführer sein sollte, der sie dem Bräutigam übergab.

»Das wird dir noch leid tun«, sagte ihre Mutter. »Laß das lieber Joe machen. Papa kommt durcheinander, und das wird dir vor Daniels Familie peinlich sein.«

»Das ist immer noch besser, als wenn er plötzlich denkt: Warum bin ich nicht der Brautführer?« gab Mattilda zurück. »Außerdem will ich, daß mich mein Papa fortgibt. Es ist doch auch gar nicht so schwer, ›ja, ich will‹ zu sagen. Ich übe mit ihm, wenn du das für nötig hältst.«

Und er ist bereit, dachte sie. Alle waren es. Sie warf einen Blick auf die Berge. Auf Wiedersehen, Berge. Ich muß neue Berge kennenlernen.

Daniels Wagen stand schon bereit, die beiden Pferde waren angespannt, alle Sachen aufgeladen: ihre Kleider, ihr Bettzeug, ihre Hortensie, ihr Krug mit dem Sauerteig, die Töpfe, die ihre Familie entbehren konnte, sowie die neue Kasserolle von Grandpa Hume, die Bibel ihrer Eltern, zwei Stühle, Säcke mit Mehl und Salz, Fäßchen mit Honig und Sirup, Äxte, Saatgut, ein Weidenkorb mit erstaunt dreinblickenden Hühnern; oh, eine reichhaltige Ladung. »Wie sollen wir das alles in die kleine Hütte kriegen?« hatte Daniel gefragt.

»Also, größer als der Wagen wird sie ja wohl sein, oder?« hatte sie lachend entgegnet. Er nickte, aber trotz seines Grinsens schien er immer noch seine Zweifel zu haben.

Sie huschte in das Schlafzimmer der Mädchen, wo ihr Vater auf sie wartete. Er preßte seine Karte an sich. Ein Segen, daß es jetzt kein Zurück mehr gab.

Er ließ die Karte nie in einem anderen Raum. An dem Tag, an dem Sarah nach Hause kam, hatte sie ihm die Karte gegeben. »Guck mal hier, Papa. Eine Karte von dem langen Weg unserer Familie nach New Place. Siehst du? Hier ist der erste New Place, wo deine Großeltern lebten, in der Nähe von Staunton, dann der Weg, als sie nach Kerrs Creek zogen, nördlich von Lexington, und dann hinunterkamen zum Irish Settlement . . .«

»Halt, halt! Das stimmt nicht«, sagte Papa voller Aufregung. »Sie kamen hier über die Berge.« Er stieß mit dem Finger auf die Karte.

Sarah gab ihm einen Bleistift, den sie bereitgehalten hatte. »Gut, Papa, trag's ein.«

Sofort beugte er sich über die ausgebreitete Karte und machte sich an die Arbeit.

»Warum ist mir das nicht eingefallen!« sagte Mama bewundernd.

Jetzt hielt er die Karte, wollte sie mit zur Trauung nehmen. Sollte er ruhig.

Im großen Raum fing Joe an, auf der Fiedel zu spielen, zart und lieblich, und Mattilda linste durch die Türritze. Ihre ganze Familie war versammelt. Ihre Schwestern und ihre Mutter standen in einer Reihe, und es war eine Ähnlichkeit zwischen ihnen, eine gewisse Trauer in ihrem Lächeln, die Mattilda nicht verstehen konnte. Sie mußten sich doch freuen, daß jemand aus der Familie heiratete.

Docia und Luella standen neben Grandpa Hume, der als einziger saß, und dahinter Bill. Daniels Mutter stand allein auf der Bräutigamseite des Altars. Sie warf schnelle, bange Blicke hinüber zu der Schlafzimmertür.

Der Raum war wunderschön geschmückt, eine ganze Wand war voll mit den riesigen Chrysanthemen, die Mutter so mühselig herangezogen hatte.

Würde Papa wirklich alles verderben?

Daniel und sein Vater kamen aus dem Schlafzimmer ihrer Eltern. Sie mußten sich bücken, als sie durch die Tür traten. Die Musik veränderte sich, wurde lebhafter. Mattilda nahm den Arm ihres Vaters; unter den anderen Arm hatte er seine Karte geklemmt. Sie entschied, daß es ihr egal wäre, wenn er die Feier durcheinanderbringen würde; irgendwie würden sie die Sache schon hinter sich bringen.

Ihr Vater zögerte, schien verwirrt. Er brauchte einen Arm für Mattilda, den anderen für seinen Stock.

»Ich nehm sie, Papa.« Sie nahm ihm die Karte ab und trug sie vor den Traualtar. Ihr Herz fing so heftig an zu schlagen, daß sie Daniel kaum sehen konnte. Oh, wie wunderschön war dieser Daniel mit den blauen Augen, die sie liebten.

»Wer übergibt diese Frau?«

Sie warteten gespannt.

Ihr Vater sprach mit klarer, kräftiger Stimme. »Gott weiß, wie es schmerzt, sie wegzugeben. Dies ist Mattilda, unsere jüngste Tochter, die uns in der Zeit der Not Mut gemacht hat.«

Mattilda war gerührt von den Worten ihres Vaters, fürchtete aber, daß diese Rede in eine endlose Tirade über den Krieg ausarten könnte.

»Doch ich gebe sie aus freien Stücken her, denn wir haben kein Recht, sie zu halten, und es ist ein guter Mann, dem ich sie gebe.« Sie spürte, wie sein Arm zitterte. Er wandte sich zu ihr. »Aber es fällt mir schwer, Mattie.«

Mattilda kämpfte gegen ihre Tränen an. O du kleiner, dünner, glatzköpfiger Papa. Er war ihr nie so lieb gewesen wie jetzt. Wie konnte sie überhaupt nur daran denken, ihn zu verlassen? Sie schaute hinüber zu den anderen Familienmitgliedern und sah, daß auch in den Augen der anderen Tränen glitzerten.

Ihr Vater löste seinen Arm, nahm ihre Hand und legte sie in Daniels. Sofort fühlte sie sich besser. Sie rückte an Daniel heran. Jetzt war sie bereit, das Gelübde zu sprechen.

»Wo ist meine Karte?« fragte ihr Vater plötzlich.

»Oh. Hier, Papa«, sagte Mattilda, während sie ihm die Rolle reichte. Ein freundliches Schmunzeln lief durch den Raum.

Sie sah sich mit einem schnellen Blick um. Ich werde all dies nie vergessen, schwor sie sich. Die Wand mit den Chrysanthemen war phantastisch. Dank dir, Mama. Etwas anderes fiel ihr ins Auge. Auf dem Küchentisch, der in die

Ecke geschoben und mit einem weißen Leinentuch überzogen war, stand eine blaue Schüssel mit leuchtend rotem Bittersüß. Das war sicher Sarahs Werk.

Bittersüß trifft es genau, dachte Mattilda. Sie drückte sich an Daniels Arm und lauschte den Worten der Trauung.

Der amerikanische Bürgerkrieg 1861–1865

Wirtschaftliche, politische, gesellschaftliche und kulturelle Unterschiede zwischen den Nord- und Südstaaten führten zu Feindseligkeiten, die sich schließlich zu einem Krieg ausweiteten. Dabei war die Auseinandersetzung um die Sklaverei nur ein, wenn auch zunehmend wichtiger Beweggrund.

1854/1860 Die Gründung der Republikanischen Partei, die die Sklaverei ablehnt, und die Wahl Abraham Lincolns zum Präsidenten ist für die Südstaaten der Anlaß zum Austritt aus der Union (Sezession).

1861 Die dem Beispiel von South Carolina folgenden Südstaaten – vier Grenzstaaten behalten die Sklaverei bei und bleiben dennoch in der Union – geben sich im Februar eine eigene Verfassung als Konföderierte Staaten von Amerika, mit Jefferson Davis als vorläufigem Präsidenten.

12. 4. 1861 Nach der Beschießung von Fort Sumter im Hafen von Charleston, South Carolina, durch die Südstaaten wird der so begonnene Krieg von Lincoln um die Einheit der Nation und nicht nur um die Frage der Sklaverei geführt.

Obwohl der Norden dem Süden von Anfang an materiell überlegen ist, kann er sich zunächst nicht gegen die konföderierten Truppen durchsetzen, die unter den ausgezeichneten Generälen Lee, Johnston und Jackson trotz schlechter Ausrüstung mit hervorragender Moral kämpfen. Korruption, schlechte Organisation und Führung sowie Uneinigkeit des Nordens wirken sich militärisch lähmend aus.

17. 9. 1862 Die Truppen unter dem General der Nordstaaten, McClellan, besiegen die Truppen unter General Lee bei Antietam, Maryland.

1. 1. 1863 Lincoln verkündet die Abschaffung der Sklaverei (Emanzipation), die 1865 endgültig im XIII. Verfassungszusatz festgehalten wird.

1.–4. 7. 1863 Die blutigen Siege der Nordstaaten bei Gettysburg, Pennsylvania und Vicksburg markieren die Wende im Bürgerkrieg und führen zur Spaltung der Konföderation in zwei Teile.

1864 General Grant, Oberbefehlshaber der Unionstruppen, dringt trotz Niederlagen im Osten vor, bis er sich im Stellungskrieg gegen Lee vor Petersburg, Virginia, festläuft.
Die Unionsgeneräle Sherman und Sheridan führen Verwüstungsfeldzüge durch Georgia, dessen Hauptstadt Atlanta am 15. November eingeäschert wird (Sherman), und das Shenandoahtal (Sheridan).

15. 4. 1865 Abraham Lincoln wird ermordet.

9./26. 4. 1865 Die verbliebenen Truppen der Konföderierten kapitulieren bei Appotomax (Lee) und Durham (Johnston).

Die seit 1863 immer wirksamer gewordene Seeblockade, mangelnde Ressourcen und Rüstungsindustrien, schlechte Verkehrsverbindungen, zunehmende Aussichtslosigkeit, den Krieg zu finanzieren, sowie die unzureichende Ernährungsgrundlage haben die Widerstandskraft der Südstaaten gebrochen. Mehr als insgesamt 600 000 Gefallene sowie eine halbe Million Tote unter der Zivilbevölkerung im Süden sind zu beklagen.

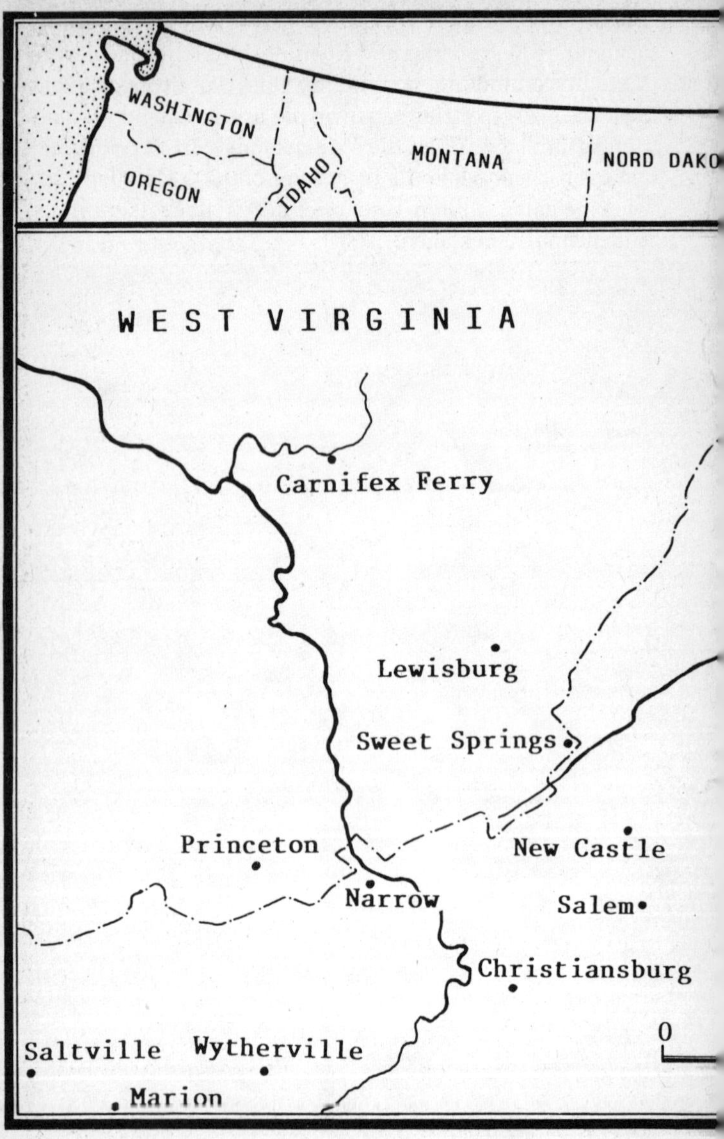

WASHINGTON
OREGON
IDAHO
MONTANA
NORD DAKO
WEST VIRGINIA
Carnifex Ferry
Lewisburg
Sweet Springs
Princeton
New Castle
Narrow
Salem
Christiansburg
Saltville
Wytherville
Marion
0

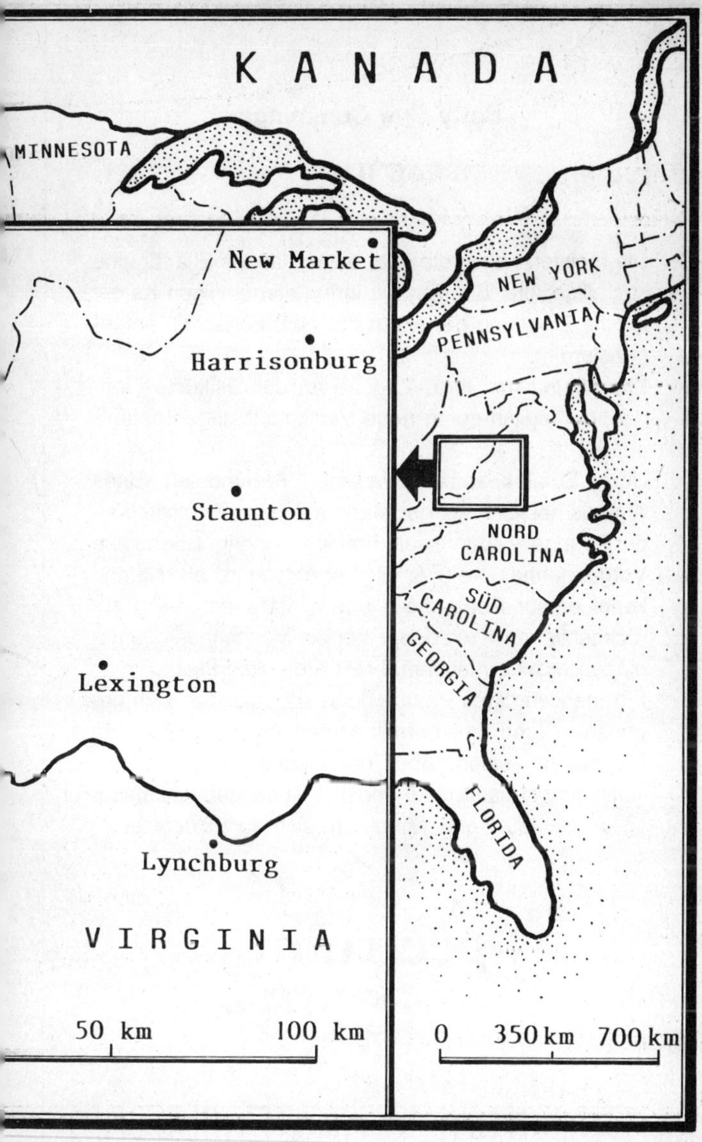
KANADA
MINNESOTA
NEW YORK
PENNSYLVANIA
NORD CAROLINA
SÜD CAROLINA
GEORGIA
FLORIDA
0
350 km
700 km
New Market
Harrisonburg
Staunton
Lexington
Lynchburg
VIRGINIA
50 km
100 km

Betty Sue Cummings

Ella

Die meisten halten die über siebzigjährige Ella für eine schrullige Alte, die sich mit ihrem starrsinnigen Kampf für die Erhaltung der Natur nur dem Fortschritt entgegenstemmt.
Ella kämpft für „ihre" Lagune an der Ostküste Floridas, die täglich durch neue Verschmutzungen gefährdet ist.
Durch Zufall bekommt Ella einen Verbündeten. Eines Abends hockt ein junger Mann auf ihrem Bootssteg an der Lagune – abgerissen, dreckig, hungrig. Über seine Vergangenheit weiß er nichts zu sagen, als Namen kennt er nur Reetardie – und er ist auch geistig zurückgeblieben. Trotzdem ist er ein Mensch, der sie uneingeschränkt, manchmal fast erdrückend liebt.
Ein merkwürdiges Paar – doch sie ergänzen sich gegenseitig, und ihre gemeinsamen Aktionen beginnen Erfolge zu zeigen. Aber der Gegner – die Landerschließungsgesellschaft und ihre Anhänger – ist mächtig und scheut keine Mittel, um sich durchzusetzen.

Spectrum
spontan

Spectrum Verlag Fellbach